JN046101

1は赤い。そして世界は緑と青でできている。

望月菜南子

私が文字に感じる色

〈数字〉

0 1 2 3 4 5 6 7 8 9

〈ひらがな（カタカナの色も同様）〉

あいうえお
かきくけこ
さしすせそ
たちつてと
なにぬねの
はひふへほ
まみむめも
やゆよ
らりるれろ
わを
ん

〈漢字を見たときにはその漢字の読み方の
先頭のひらがなの色に依存されがち〉

〈アルファベット（黒く書かれている字は色を感じていない字）〉

A B C D E F G H I J

K L M N O P Q R S

T U V W X Y Z

私が空間認識している「1週間」

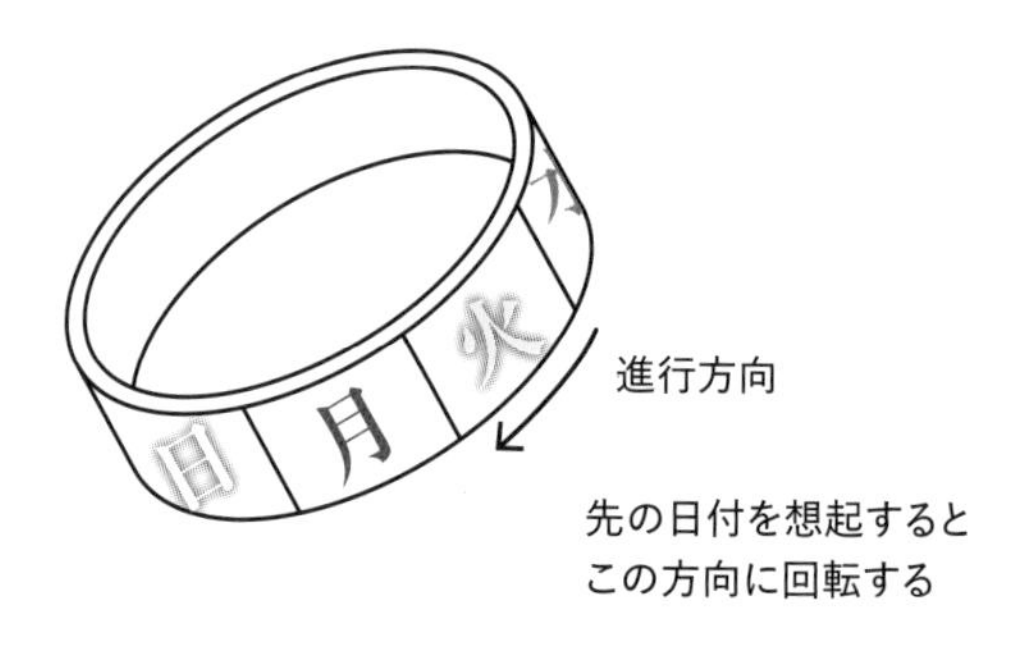

〈上の図を進行方向に約 180° 回転させた図〉

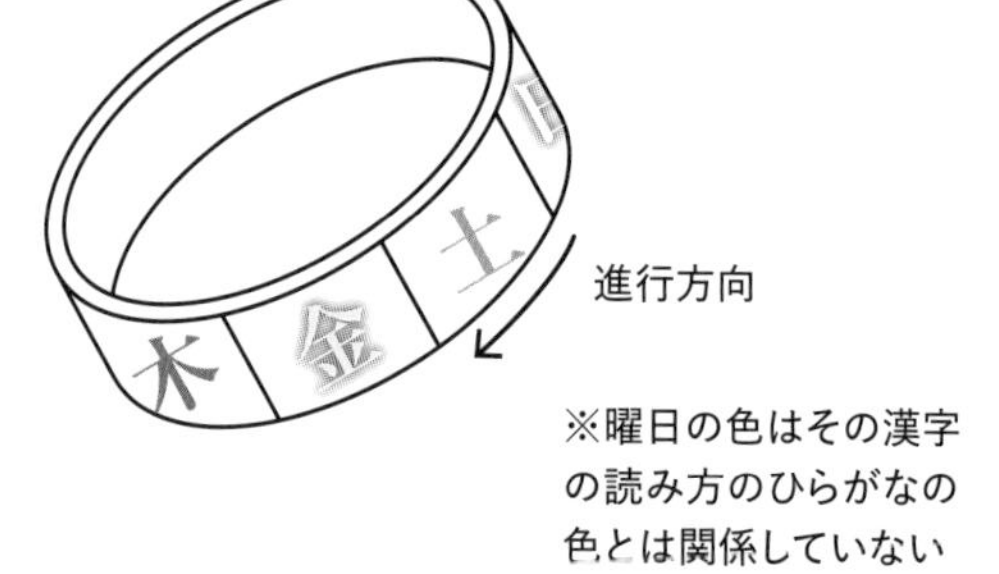

はじめに

大学に入学してから、キャンパス内の6号館と8号館を覚えるのが大変だった。

他の建物の番号と場所はすぐに覚えられたのに、6号館と8号館はなかなか覚えられなくて、今でもどこが6号館でどこが8号館なのか時々わからなくなる。授業を受ける教室の場所を覚えることはできるため、8号館で受講する授業のときに8号館に辿(たど)り着くことはできるのだが、果たしてそこが6号館なのか8号館なのか瞬時に思い出せなかったりする。

2月18日に友だちと遊ぶ約束をした。約束をした数日後、ふと思う。

「あれ？　約束した日16日でいいんだっけ？」

手帳を開くと約束の日は2月18日だと書いてある。16日だった気がするのにな、と不思議に思い、その日一晩寝ると、次の日になってまた16日だったのか18日だったのかわからなくなり再び手帳を見返す。

「今日は何日だっけ？」

と聞かれて、

「6日だっけ？　8日だっけ？」

となることもあるし、夏休み中の予定を聞かれて、

「6月の空いている日は……」

と真顔で言って相手を驚かせたこともある。

仕方ない。

今ではもうその理由がわかる。

なぜ、私の中では「6」と「8」が混在してしまうのか。

それは、色が似ているからだ。

「6」は紺色に近い青紫色をしていて、色と形がまるで新鮮なナスみたい。そして、「8」は「6」の色の絵の具に白い絵の具を少し足して薄くしたような色をしている。淡い青紫色（あおむらさきいろ）と群青色（ぐんじょういろ）が混ざったようなやさしくて穏やかな色だ。

私は「6」と「8」を区別するときには、この2つの色の僅（わず）かな差に焦点を当てているんだと思う。それも意図的にやっているのではなく、無意識的にやっていることだというのは言うまでもない。

もう20年くらいこんな生活を続けている。
その全ては「共感覚」によるものなんだ。

それを知ったのは17歳のときだった。
当時私は高校生で、昼休みに学校の先生と話していた。私は赤い名前をしたこの先生を慕っていて、時々話をしていた。

「私、先生と今まで話した日の日付なぜか全部覚えてるんですよ！　ちなみに先月、先生と話したのは4月12日！」

「すごいね、よく覚えてるね」

どのような話の流れで私はこのようなことを口にしたのだろう。詳しいことはよく覚えていないが、なんとなく先生にそう言ったのだ。

「あまり人には話したことないんですけど、私、数字を色で覚えるクセがあるんですよね。色合いが綺麗な数字の組み合わせだったりすると、記憶しやすいというか……」

「あー、あなた、そういう才能があるのねー」

「才能？」

私には先生が言った「才能」という言葉の意味がよくわからなかった。

だって、「4」は晴天の青空のような純粋なイメージが強い綺麗な水色で、「1」

は1の位にあるとき以外は黒くて、まるで私がいつも使っているヘアピンみたいだし、「2」はとってもかわいいピンク色だ。

4月12日は、4と2というパステルカラーのかわいい数字の間に黒い直線が1本ひいてあるから、かなりバランスがよくて非常に記憶に残りやすい。この思考のなにが才能なのだろうと思ったのだ。

「たまにいるんだよ、そういう人。文字に色が見える人。私の知り合いにもそういう人いるよ。へー、あなたも文字に色が見える人なんだね」

よくわからなかったけど、このとき先生の言葉からなんとなく察したのは、みんなには「文字や数字に色が見えていない」ということ。

文字や数字に1つ1つ色が見えるのは、私の中では物心ついたときからずっとある当たり前の感覚だから、他人にも同じ感覚があるかどうかということすら考えたことがなかった。

これは一大事である。

みんなには文字に色が見えてないの？

本を読んでいるときには、黒い文字しか見えてないの？

それじゃあみんなは、掛け算九九（くく）や歴史の年号はどうやって覚えていたの？

そもそも、どうやって友だちの名前を覚えているの……？


文字に色が見えていない世界を想像したことがなかったから、とても混乱した。

だって私の中で「な」という文字が緑色であることは、ピーマンが緑色であることとほぼ同じようなことなんだから。もし、「実はあなた以外の人にはピーマンが緑色に見えていません」と言われたら誰でも驚くだろう。

私はこの日、それくらいの衝撃を受けたのだ。


それでも私は素直に嬉（うれ）しく思った。

だって、ほとんどの人にはない珍しい感覚が自分にはあるなんて！

自分は他人とはちょっと違う、ということがこのときはとても嬉しかったのだ。

その日のうちに早速インターネットで「文字に色が見える人」と検索した。すると「共感覚」という聞いたことのない名称のWikipediaが出てきた。読めば読むほど自分に当てはまることばかりで、飛び上がるほど興奮した。

私、共感覚っていうのがあるんだ。

私はその日を境に、自分がいつも見ている、共感覚により色がついた文字すなわち「色字（しきじ）」が具体的にどのようなものであるのかを、考えるようになった。

共感覚というのは、1つの刺激に対して2つ以上の感覚を感じるという知覚様式のことだ。

共感覚には様々な種類があり、その中でもよく見られるものとして知られているのは、音に色を感じる（色聴（しきちょう））、文字に色を感じる（色字）など。この2つ以外にも、音に味を感じる、味に形を感じる、痛みに色を感じるなど、珍しい共感覚も山ほどある。私はその中でも文字に色を感じる色字共感覚という共感覚を持っている。

私は、文字と色を引き離すことができない。すなわち、色のついていない文字を見ることができない。

意図的に文字と色を結びつけようとしているのではなく、なにも考えずにボーッとしているときでも文字を見た瞬間、1秒以内にちゃんと色が見える。

私にとって文字を見ることは、色を見ることなんだ。

この感覚は自分の力で頑張って身につけたものではない。気がついたらこうなっていた。

共感覚を持っていてよかったと思うこともあれば、共感覚が邪魔になってしまうこともある。文字に色が見えるおかげで電話番号や人の名前を色で覚えることができる。でも、似ている色の文字（冒頭で取り上げた「6」と「8」など）はとても混乱してしまう。

自分の共感覚のことを誰にも話さず隠し通そうとは思っていない。むしろ自分から公表して発信したいと思うようになっていった。

こういう人間もいるんだと知ってほしい。それに、自分の目から見た世界が相手から見ると同じじゃない、ということも知ってもらえたら、新しいものが見えてくるかもしれない。私がそうであったように。

本書では、私が今まで共感覚者として経験してきたエピソードを綴（つづ）っていきたいと思う。

自分の共感覚のことをじっくりと考えていると、不思議と幼少期の記憶が次から次へと蘇（よみがえ）ってくる。

私の人生はずっと、文字に彩られているんだ。

『1は赤い。そして世界は緑と青でできている。』目次

第2章 私はどうやって共感覚者になったのか

第3章 色鮮やかなスクールライフ

第4章

初心者でもわかる！　共感覚FAQ

第7章
1週間はまあるいわっか

第1章　なんで男の子の色の名前なの？

他の子にはない悩み

3歳のとき、私は当時住んでいた自宅の近くにあったモンテッソーリ教育の幼稚園に通い始めた。

マイペースで自分の遊びの世界に没頭しがちだった私はモンテッソーリ教育に向いていた、と母は話すし、自分でもそう思う。

モンテッソーリ教育の特徴は、集団で同じことをするのではなく自分で自分がやりたい遊びを選び、納得するまで遊び続けるというものだ。

もちろん先生が「今日は運動会のときの絵を描きましょう」などと指示を出して、みんなで同じことをすることもあったが、基本的に自分のやりたい遊びができる環境というのは私にとても合っていた。

私は幼稚園児だったときどんな子だったか。

一言で言えば「おちこぼれ」だった。

幼稚園や保育園の1クラスに1人はいる「なにをやってもダメな子」。

手先が不器用で、工作のときには、はさみやのりがうまく使えない。

運動神経も悪くて、かけっこではいつもビリ。鬼ごっこで遊んでも逃げる側になったらすぐにつかまってしまうし、鬼になったらいつまでもつかまえられない。おまけに教室に置いてあったビーズを飲み込んだり、お砂場で作った泥団子を口に入れたり、二段ベッドがある友だちの家に遊びに行った翌日には、またはしごに上りたいという気持ちが抑えられなくて、教室の本棚によじのぼって先生に怒られたりしていた。私は他の園児よりもよく先生に怒られていた。


やらなくてはいけないことはみんなと同じようにきちんとやりたい。いつもそう思っていたが、どんなに頑張っても他の園児よりもできないことが多いのは事実だった。

とまあ、この程度の話なら特筆すべきことではないかもしれない。

だが、私には当時、この他にも悩んでいたことがあった。

それは、自分の名前のこと。

女の子に生まれたのに、どうして男の子みたいな色の名前をつけられたのかわからなかったのだ。

うぐいす色みたいな渋い色

私の下の名前「ななこ」の「な」は、うぐいす色みたいな渋い緑色。そして、「こ」はくすんだ感じの暗い赤。

なんで緑色が2つも続く名前なんだろう。

緑色は男の子の色なのに。

同じクラスの他の女の子は、赤とかピンクとか黄色みたいなかわいい色の名前の子ばかりなのに、なんで私だけ男の子みたいなかわいくない色の名前なの？


3歳のときにはもう文字に色が見えていた。

単語の一番最初の文字の色が、その単語全体に見える色になるというのも、この頃から変わっていない。

年少組だったときに、クラスの中でも特に仲良くしていた女の子の友だちの名前はみんなかわいい色で、とっても羨ましかった。

みかこちゃんはピンク色だし、ちかちゃんはタンポポみたいな黄色の名前で女の子らしい。

それなのになんで、ななこは緑色なの？

青や緑などの寒色は男の子の色、赤やピンク、黄色などの暖色は女の子の色。小さいときにはそう思っていたのだ。

この思い込みは決しておかしいものではないんじゃないか。駅やお店にあるトイレのピクトグラムを思い出してほしい。

男性の体のシルエットは青、女性の体のシルエットは赤で描かれていることが多いと思う。いちいち体のシルエット（女性はスカートを穿いている）を見なくても、青いほうが男性で赤いほうが女性だと瞬時にわかる。小さい頃からトイレのピクトグラムなどの男性と女性を色で明確に区別できるものを見ていたら、自然と寒色は男性の色で、暖色は女性の色、という思い込みができてしまうものなのかもしれない。

私が通っていた幼稚園では、お遊戯の時間にかぶっていた帽子（小学校でいう紅白帽子のようなもの？）の色が男の子は水色で、女の子はピンクだった。そして、幼稚園で制服を着るのは式典がある日だけで、普段は自由服で登園していたから、男女の服の色の差は歴然。ピンク色の服を着て来る子は男の子よりも女の子がはるかに多かった。

そんなこともあり、私は「緑色の名前なんて女の子の名前にはふさわしくない」と思い込んでいたようだ。

何歳のときのことだったかはよく覚えていないが、私は幼少期に母にこんな質問をしたことがある。

「ねえ、ママ。なんでななちゃんのなまえは〝ななこ〟っていうの？」

「それはね、パパとママが名前を考えたときに、〝ななこ〟っていう名前は響きがかわいくていい名前だねっていう話になったからなんだよ。

同じ文字を2つ続けたあとに〝子〟をつけるのがいいなって考えたりもして、〝ももこ〟でもいいかなって思ったんだけど、名字が〝もちづき〟だから〝ももこ〟だと〝も〟が3つになっちゃうでしょ？

それでもかわいいんだけど、やっぱり〝ななこ〟のほうがバランスもいいよねってなって〝ななこ〟にしたんだよ」


このとき母はなぜ私に緑色の名前をつけたのか教えてくれなかった。

私の両親は共感覚者ではない。ずっと一緒に暮らしているけれど、自分の娘が文字に色が見えていることに気づくことは一切なかった。

たとえ両親も色字共感覚者であったとしても、必ずしも「な」が緑色に見えているとは限らない。共感覚者によってそれぞれ文字に見える色は全く異なるのだから。

なんとなく、話してはいけないこと

幼少期、他人に文字の色についてなにか尋ねたりした記憶は特にないのだけれど、母に自分の名前の由来を聞いても色のことはなにも教えてくれないし、同じクラスの友だちも文字の色のことは全く話さないし、

「なんでみんなはまるで文字に色が見えていないかのように生活しているのだろう」

と思っていた。

「文字の色のことは他人には話さないものなのかな？」

みんなが話さないから私も話すのはやめておこう。常軌を逸した言動をして周囲の人間に好奇の目で見られるのは嫌だから、みんながやらないことは私もやらないでおこう。

幼いながらにそんなことを思っていたのかもしれない。

ここまで話したら、私が17歳にして他の人には文字に色が見えていないことを知ったときにどれだけ驚いたか、わかってくれる人もいると思う。

共感覚を知るまでの15年以上、

「文字に色が見えることは、もしかして他の人にはない稀(まれ)なことなんじゃないか?」

と疑ったことすらなかったのだ。

だから、他人が文字の色について話さない理由がよくわからなかった。

もっと早く気づいていればよかったと思うことはないけれど、今では共感覚を知ることができて本当によかったと思っている。

共感覚を知ったことによって、今、自分の幼少期のことを思い出し、

「こんなこともあったな」

「あんなに小さいときから文字に色が見えていたなんて不思議だな」

と振り返ることができるから。

ちなみに私は喋（しゃべ）り始めるのは遅かったけれど、文字の読み書きができるようになったのはそれほど遅くなかったらしい。3歳になって間もない頃にひらがなを書く練習をしている私の写真が自宅に残っている。

幼稚園でも先生に教えてもらいながら、ひらがなの練習をしていた。事実、私は文字の読み書きにおいて他の園児より劣っているな、と感じたことはない。

4歳になったばかりの頃、幼稚園のクリスマス会でもらった絵本をつっかえつっかえ頑張って音読している様子を父がビデオで撮ってくれていた。

父は絵本と私の顔を交互にカメラに映していてくれたため、私がほぼ正確にひらがなを読んでいることがわかる（「こんにちは」の「は」を「ＨＡ」と発音するなどしていたため文字を読むのに精一杯で、絵本の内容はほとんど頭に入っていないと考えられる）。

4歳でひらがなを読めることは特に珍しくはないと思うが、こんなに小さな女の子がすでに文字に色を感じながら絵本を一生懸命音読しているのだと思いながらビデオを観ていると、素直にすごいなと思う。

幼稚園で自分の能力の低さや名前の色のかわいくなさに悩むことはあっても、私は家に帰ると、そんなことは忘れたかのようにケロッとしていた。

家ではお人形で遊んだり某テレビ局の教育番組を観たりして楽しく過ごしていたし、同じクラスの友だちの家に行って遊ぶこともしばしばあった。そのうえ登園しぶりをしたこともなかったため、両親は娘がどんなに不器用でおちこぼれな子だと知っていてもあまり気にしていなかった。

キラキラした名前の妹

そんな中、母のお腹がだんだん大きくなっていった。３歳の時点で文字に色が見えていたことは鮮明に覚えているのに、自分に弟か妹ができると知ったときのことはなぜか全く覚えていない。

そして年中組に上がる直前の春休み、黄色くてキラキラした名前の妹が産まれた。

私は妹との初対面を今でも覚えている。

父はそのときの様子もビデオで撮ってくれていた。新生児室でスヤスヤと眠っている生後１日目の妹をガラス越しに見ながら、私は真顔で、

「ななちゃんはおねえさんになったんだねー」

と感情のこもっていない声で呟(つぶや)いている。当時４歳だった私はあまりにも幼すぎ

て、命の誕生がどれほどめでたいことなのか全然わかっていなかったし、赤ちゃんを見てもかわいいと思うことはなかった。

妹が産まれても私の1人遊びは相変わらず続いた。

妹が1歳になるまではあまり相手にしていなかった。赤ちゃんだからなにを言ってもわからないし、一緒に遊んでいてもこちらがしていることを全く理解できず、私が作った積み木のお家(うち)を倒したり、折り紙をぐちゃぐちゃにしたりするからそれが嫌だった。

それでも、私と妹はお互いの年齢が上がると自然と仲良くなっていった。

鍵盤ハーモニカに悪戦苦闘

年中組になるとできることが少しずつ増えていき、新しい友だちも増えた。新しい友だちができたことによって、男の子の色の名前をした女の子は自分だけではないと気づくことができた。

年少組のときは周りが女の子の色の名前の女の子ばかりだったけれど、年中組には男の子の色の名前の女の子もかなりいた。私の他にも緑色の名前の女の子はいるし、青や灰色の名前の女の子もいる。さらに、赤い色の名前の男の子もいることがわかり、「なーんだ、名前の色と性別なんて関係ないじゃん」と、「名前の色問題」はあまり気にしなくなった。

それでも、共感覚によって困ることがなくなったわけではなかった。年中組にいたときのことで、共感覚のことを知った直後に「あれだ！」と思い出した出来事がある。

私が通っていた幼稚園では、年中組から鍵盤ハーモニカ（ピアニカ）の練習が始まった。園児が鍵盤ハーモニカを練習するにあたって、先生はとある工夫をしていた。それは、「色でドレミを覚えさせる」というものだ。

園児にはみんな自分専用の鍵盤ハーモニカが与えられ、先生が一人ひとりの鍵盤の部分に色のついたまるいシールを貼ってくれた。「ド」の部分には赤、「レ」には黄色、「ミ」には緑、「ファ」にはオレンジ、「ソ」には青、「ラ」にはピンク、「シ」には紫色のシールだった。

そして先生は園児たちに、先生が鍵盤に貼ったシールと同じ色のシールを、楽譜に書かれた音符に貼るように指示した。園児たちは楽譜の音符の玉の部分（まるいシールが貼りやすいように、黒い線で輪郭が描かれただけの白い○になっている）にシールを貼る作業を行った。

先生が鍵盤の「ド」の部分に赤いシールを貼ったから、園児は楽譜の「ド」の音符の玉の部分に赤いシールを貼る。先生の楽譜を見ながらみんなで作業をした。

私はこのときのことをかなり鮮明に覚えている。テーブルをみんなで囲んで座り、そのテーブルの中央には先生が作った見本の楽譜と、シールの台紙を捨てるための箱（透明のプラスチック製の小さなお弁当箱）が置いてあった。


私にとってはまさに苦行だった。ただでさえ文字に色が見えているのに、それとはまた別の色を文字にあてなければならない。

私は色聴はないため「ド」という音を聞いても色は感じないが、色字共感覚者であるため「ド」という文字にははっきりと色が見える。普段は「ド」はオレンジと茶色が混ざった色に見えるのに、この作業では「ド」の音符に赤いシールを貼らなくてはいけなかったのだ。

たまたま見えている色と一致した「レ」だけはよかったが、それ以外はとても大変だった。「ミ」はピンク色に見えるのに緑のシールを貼らなくてはならないし、

「ファ」は灰色に見えるのにオレンジ色のシールを貼らなくてはならない。

他の園児はおしゃべりしながら作業をしていたが、私にはそんな余裕などなかった。少しでも気を抜くと、共感覚によって見えている色のシールを貼ってしまいそうだ。

ものすごく集中してやらなくてはならなかった。

ものすごく集中してやったはずなのに間違えた。

何小節か貼り終わったところで楽譜を見直すと、なんと違う2つの音の音符に同じ色のシールを貼っているではないか。私は「レ」と「ラ」の音符の両方に黄色いシールを貼っていたのだ。ラ行は全体的に黄色い文字が多いため、なんの違和感もなかったのだ。

自分の間違いに気づいた私は、すぐに「ラ」の音符に貼ってしまった黄色いシールをはがした。楽譜の紙もシールと一緒にはがれてしまい、粘着がなくなってしまったため、その黄色いシールはテーブルの中央にあったシールの台紙を捨てる箱に捨てるしかなかった。

「せんせー!! だれかがきいろいシール、このなかにすててまーす！」

1人の女の子が大きな声で先生を呼んだ。

「えー！ だれぇ!? ここにシール捨てたのー!?」

先生はそう言って、私が捨てた黄色いシールを見ながら不思議そうな表情を浮かべた。

私は恥ずかしくて顔をあげられなかった。

「みんなができていることが自分にはできなかった」

それがショックだったのだ。

私以外にシールを捨てた子はいなかった。つまり、私以外の子はみんなシールを貼り間違えなかったのだ（今思うと、貼り間違えたシールをはがしてポケットに入れてこっそり持ち帰った子はいたかもしれないけれど）。

私にとってはとても難しいことなのに、なぜみんながスラスラできるのかがわからなかったし、とても悔しかった。

私にとっては、リンゴを見たときに紫色のボタンを押して、メロンを見たときに赤いボタンを押して、ぶどうを見たときに緑色のボタンを押すゲームを10分以上やらされていたようなものだったのだ！


鍵盤ハーモニカの練習中も共感覚による混乱は度々(たびたび)あった。

「ラ」は黄色い文字なのに、楽譜と鍵盤にピンク色のシールが貼られているのが本当に不快だった。

でも「シールの色と文字の色が違う！」と言った子は1人もいなくて、このことがまた「私はみんなよりも劣っている」という気持ちにつながった。

共感覚者によくある混乱

色字共感覚者がこういった混乱に悩むことは珍しくない。

自身が色字共感覚者で米国共感覚協会の創設者のひとりである作家パトリシア・リン・ダフィーは、大学院でセミナーに参加したときに自分の共感覚のせいで困ったことがあった。

そのセミナーの内容は、英語の発音を色で覚えるというものだった。

英語の発音ごとに色が決められていて、講師がその文字と対応する色の色片を指さし発音し、受講者はその色片を見ながら講師の発音を繰り返す。講師がオレンジ色の色片を指さして「M」の発音を練習し、次に茶色い色片を指さして「P」の発音の練習をして……とやっているうちに、パトリシアはわけがわからなくなってしまったという。

パトリシアにとって「M」はオレンジではなく、薄茶色であり、「P」は茶色ではなくやさしげな黄色に見えているからだ。

パトリシアの講師には幸い共感覚の知識があったため、パトリシアが、

「私は共感覚を持っており、色片に対応する音とは全く別の音を喚起してしまう」と訴えたところ、彼女にセミナーに参加せずに見学してよい、と言ってくれたらしい。


「文字に色が見える」ことによる苦しみは「文字に色が見える」人にしかわからない。

この感覚を体験したことがある人は少ないため、自分で忠実に訴えなければ他人にこの苦しみを伝えることはできない。

そういった意味で、共感覚のせいで鍵盤ハーモニカの練習で混乱していたとき、私は孤立していた。

「文字に色が見える」世界を知らない人たちの集団の中で、「文字に色が見える」私は1人ポツンと取り残されていた。

みんなが軽い足取りでどんどん先に進んで行っているのを見ながら、私だけひたすら足踏みをするしかなかった。

たった4歳の女の子はあまりにも幼すぎて、「文字に色が見える」ことによる苦しみを誰かに訴えようかと考えることすらできなかった。

だってみんなが「文字に色が見える」世界を知らないことを、私は知らなかったのだから。


年中組が終わって春休みに入る直前、先生は園児に、

「家でも1回シール貼ってみてね！」

と言って鍵盤ハーモニカの楽譜を配った。

私が前にシールを貼るのに苦戦したときと同じ楽譜だった。同じ作業をまた幼稚園でやるように言われていたらしんどかったと思うが、家でやるように言われたためストレスは感じなかったのだろう。私は家に帰ると嫌がらずに楽譜を広げた。

家には色付きのまるいシールがなかったため、音符の玉の部分を色鉛筆で塗った

（輪郭だけ描かれた○だったため、色鉛筆で塗りつぶすことができた）。共感覚によって見える色ではなく、幼稚園で習った色を塗ろうと集中した。

「できた！」

全ての音符に色を塗り終わって楽譜を見直した。

本来ピンク色に塗らなければいけない「ラ」の音符には、このときもやはり黄色が塗られていた。

新しい情報を学習することはできても、以前から身についている情報を解除して修正することはとても難しい。

私は今になって2度の失敗を振り返りそう痛感する。

いちごを初めて見た人が「いちごは赤いこと」を覚えることよりも、以前から「いちごは赤いこと」を知っている人が「今日からいちごは青い食べ物になりました」と言われて、「いちごは赤い」という既知の情報を解除して「いちごは青い」という情報に修正するほうが絶対に難しいんじゃないか……。

幼稚園で使った鍵盤ハーモニカは、小学生になっても使っていた。小学校では幼稚園でも鍵盤ハーモニカを使っていた子が私以外に全然いなくて、入学したときにみんなが新しい鍵盤ハーモニカを買ってもらっている中、私だけちょっと古い鍵盤ハーモニカを使っていた覚えがある。

1年生の音楽の授業で初めて鍵盤ハーモニカを使った日、私がみんなとはちょっと違うものを使っているのを珍しがった子が、私の鍵盤ハーモニカをのぞいてきてこう言った。

「なに？　このシール」

こう言われて1人だけ鍵盤がカラフルなのがなんとなく恥ずかしくなって、私はその場でシールを全部はがして捨てた。

小学校で鍵盤ハーモニカを使ったことに関して特に大した記憶がないのは、私が入学してからすぐにこのシールとバイバイしたからなんだと思う。

おやつは3時にしたはずなのに

年長組になると、月に一度カレンダー作りをする時間があった。モンテッソーリ教育の幼稚園だとはいっても、みんなで同じことをする時間はある。月の初めになるとみんなでカレンダーのイラストの部分を各自で製作する。カレンダーは次年度のもので、園児が翌年小学校1年生になったときに使えるように作っていたものだ。

カレンダー作りでは主に切り絵をすることが多かった。

何月のカレンダーを作ったときのことだったかは忘れたが、切り絵でアナログ時計のイラストを作成したことがあった。時計の部分は色画用紙で作り、文字盤の数字と針は黒いクレヨンで描いた覚えがある。

絵に描く時計の時刻は何時にしてもよいと言われたため、私は3時にして時計の周りにドーナッツやチョコレートのイラストを描き、「3時のおやつ」を意味するイラストにすることにした。

まるい文字盤に円状になるように1から12の数字を書いて、12を指す長い針と、3を指す短い針を描いた。イラストが完成して先生に見せに行った。

「わーすごい！　ななちゃんは2時の時計にしたんだね！」

「え？」

確か3時にしたはずなのに。先生に「2時にしたんだね」と言われて、自分が描いたイラストを見直すと実際2時になっている。

私は大好きなピンク色の色画用紙で時計の部分を作った。時計の文字盤の部分は白い画用紙にしたのだが、時計そのものはピンク色にしていた。

私には「2」がピンク色に見え、「3」は黄緑色に見える。視界がピンク色でいっぱいのときに3時の時計を描くことはできなかった。短い針を3のところに伸ばしたはずだったのに、周りのピンク色の影響を受けすぎて、ピンク色の数字のところに伸ばしてしまったのだ。

まあ、2時におやつ食べてもいいいんだけどさ。

お誕生日会も大混乱!?

幼稚園では園児の誕生日になるとその園児をクラス全員の前に座らせ、お祝いする会があった。

みんなでハッピーバースデートゥーユーを歌い、誕生日の園児がロウソクの火をフーッと消して全員でパチパチ拍手をしてから、みんなでその園児に様々な質問をしまくる時間になる。


「たんじょうびプレゼントはなにをもらったんですか？」

「すきなたべものはなんですか？」

「ならいごとはなにをしていますか？」

「たんじょうびにはなんのケーキをたべましたか？」

「しょうらいのゆめはなんですか？」

……ありきたりの質問をたくさんしてネタがつきてくると、幼稚園児にしてはかなりレアな質問をし始める。

「すきなすうじはなんですか？」

私はこの頃好きな数字を聞かれたときには、必ず「2です」と答えていた。

なぜなら一番好きな色がピンクだったからである。

好きな色を聞かれて「ピンクです」と答えることと、好きな数字を聞かれて「2です」と答えることは私にとって同じだった。だから、寝ぼけていたり、意識が朦朧としているときに「好きな数字は？」と聞かれたら、「ピンクです」と答えていたかもしれない。

だって色がない数字なんてないんだもん。

幼稚園を卒園した直後、私の家族は東京都内の別の地に引っ越した。

そしてその数年後、私が通っていた幼稚園は廃園となった。


私は大学入学直後、休日を利用して幼少期を過ごした地を家族と共に訪れた。私が住んでいたマンションはもうない。今はそこには見知らぬ別のマンションが建っている。

私が住んでいた家はかたちとしてはもう残っていないけれど、空間としてはまだ残っている。

私は新しく建った見知らぬマンションを見上げた。私の家はマンションの最上階だったから、ちょうどあのあたりかな。

私はあの場所で初めて寝返りを打った。初めてハイハイをした。初めて歩いた。私はあの場所で何度笑っただろう。何度泣いただろう。そして、何度色字を見ただろう。私はあの場所で過ごしていた頃から嘘偽りない「色字共感覚者」だったんだ。

住んでいたマンションはもうないのに、その隣にある緑色の名前のコンビニエンスストアはまだ残っている。

ロゴの色が緑色だから私以外にもこのコンビニに緑色の印象を持っている人はたくさんいると思う。私の下の名前と同じ名前の電子マネーを扱っているこのコンビニで私は1人で初めてのおつかいをしたっけ。

私は妹と一緒にこのコンビニでジュースを買って、幼少期を過ごした地を後(あと)にした。

第2章　私はどうやって共感覚者になったのか

物心ついたときから、それはあった

ほとんどの共感覚者は、物心ついたとき（3、4歳頃）から共感覚があると言うし、私もそうだ。

私が記憶しているのは幼稚園に入園した直後からで、それ以前のことはどう頑張っても思い出すことはできない。

だが、私は父のおかげで今でも自分の幼少期の様子を視覚と聴覚を使って知ることができる。

父は私の誕生を機に新しいビデオカメラを購入した。第一子として産まれた私の普段の様子を映像として記録するためだった。平日は仕事で忙しい父は、基本的に休日に私の様子を撮ってくれていた。

第1章でも少し出てきたが、そのおかげで私は今でも父が撮ってくれていたビデオを観て自分の幼少期の様子を知ることができる。

その貴重な記録を手がかりに、幼稚園からさらに遡(さかのぼ)って、私が共感覚を身につけるまでの謎を解き明かしてみよう。


とにかく1人でなにかに没頭しがちな子だった。その様子は今でも映像としてきちんと残っている。

遊びや食事に夢中になっているときには、両親に名前を呼ばれても返事をしない。

2歳の誕生日にケーキを食べているときに、母が私の目の前で「おいしい?」と聞いても、ケーキを味わうのに夢中で全く反応しない。

反応が鈍いうえに言葉も遅くて両親は心配した。

それでも、徐々に年齢相応のことができるようになっていった。

3歳になる直前には自分の名前や家族の名前を言い、アルファベットを書いている様子を（反転している文字などもあり全て正確に書けているわけではない）、4歳のときには絵本を音読している様子を、父はきちんとホームビデオとして残しておいてくれた。

時々近所の公園で知り合った同い年くらいの友だちと、お砂場や遊具で遊ぶこともあったけれど、私は家で遊ぶほうが好きだったらしい。

家はとにかく安心できる場所だった。

母と一緒にスーパーに買い物に行けば、大抵機嫌を悪くしてベビーカーの中で号泣していたものの、家に帰った瞬間泣き止み、おもちゃ箱を漁（あさ）ってお人形や積み木で夢中になって遊んでいた。

家にはいつも決まったおもちゃが置いてあった。4歳になるまではきょうだいがいなかったため、取り合いになることもなく好きなときに好きなおもちゃで好きなように遊んでいた。このことは、私が家にいるときには落ち着き、安心して過ごせたことと深く関係していたと思う。

私の運命を変えたおもちゃ

1歳か2歳のとき、私は両親に「タワーカップ」というおもちゃを買ってもらった。10個のカラフルなプラスチック製のカップを大きいものから順に積み上げて遊ぶというもので、個々のカップには「1」から「10」までの数字が白字で書いてある。

一番小さいカップには「1」、2番目に小さいカップには「2」というように、小さいものから順番に数字が書いてある。

そして、数字が書いてある面と反対側の面にはそれぞれ「あ」から「こ」までのひらがなが白字で書いてある。

つまりこんな具合だ。

- 1番小さいカップの色は赤、書いてあるのは「1」と「あ」
- 2番目に小さいカップの色は水色、書いてあるのは「2」と「い」
- 3番目のカップの色は黄色、書いてあるのは「3」と「う」
- 4番目のカップの色はピンク、書いてあるのは「4」と「え」
- 5番目のカップの色は黄緑、書いてあるのは「5」と「お」
- 6番目のカップの色は紺、書いてあるのは「6」と「か」
- 7番目のカップの色はオレンジ、書いてあるのは「7」と「き」
- 8番目のカップの色は青紫、書いてあるのは「8」と「く」
- 9番目のカップの色は緑、書いてあるのは「9」と「け」
- 一番大きいカップの色は赤、書いてあるのは「10」と「こ」

私が今でも文字を見たときに感じる色には、このタワーカップが確実に関係しているものもある。

私には、「1」は赤、「6」は青紫、「7」はオレンジ、「8」は紫、「か」は濃い青、

「く」は青に近い青紫、「こ」はくすんだ赤に見える。これらの4つの数字と3つのひらがなはタワーカップの色と同じなのだ(「か」と「く」の色は多少違うがかなり近い色である)。

でも、私は今「4」は水色に見えるし、「9」は黄色に見えるなど、タワーカップの色と一致しないものもある。

いったい、どうやって私に共感覚が身についたのだろうか。

誰でも幼少期には共感覚があった!?

実は「人間は誰でも幼少期に共感覚を持っていた」という考え方がある。

色字共感覚者で作家のパトリシア・リン・ダフィーは著書『ねこは青、子ねこは黄緑　共感覚者が自ら語る不思議な世界』（早川書房）の中でこう述べている。

幼い乳児は、五感のいずれかに振り分けられた個々の刺激を認識するのではなく、エネルギーのパターンとしてすべてをひとまとめに受け止めているのだ。時間の経過にしたがい、脳も発達し、その機能が分化されていく。乳児期に見られた共感覚的な融合は姿を消し、幼少期から大人にかけては各感覚に振り分けられて知覚されるようになる。大人の中にも何らかの共感覚を持ち続ける人がいるのは、脳の機能分化が不完全なことがあるからだという考え方がある。脳が十分に発達しなかったために、感覚刺激を部分的に混和したまま処理するというのだ。

私は本格的に数字やひらがなの勉強を始める前に両親からタワーカップを与えられた。

そして、タワーカップで遊びながら自然に数字とひらがなを覚えていったのだと考えられる。

タワーカップで遊んでいるうちにオレンジ色のカップに書かれた「7」という数字を覚えるようになっていったのだが、当時の私は幼すぎて脳が未発達だったせいか「7」という数字の情報と「オレンジ」という色の情報を分化して認識することができなかった可能性がある。

私の脳内の機能で情報を分化する部分が不完全なのかどうかはよくわからないけ

ど、私は大人になった今でも「7」と「オレンジ」の2つの情報を切り離すことは絶対にできなくて、「7」を見るとどうしても細長くて新鮮なニンジンのように見えるのだ。

幼児向けのおもちゃや教材を思い浮かべてみてほしい。アルファベットが書かれた積み木やパズル、お風呂の壁に貼る防水の五十音表。どれもカラフルに書かれたものが多いはずだ。

これらのデザインは、幼児にとってシロクロで書かれたものよりもカラフルで書かれたもののほうが楽しく簡単に覚えられる、と考えてのものだろう。そしてこういったおもちゃや教材を与えられた幼児の多くは、文字と色を一緒くたにして覚え、その中には稀に私のように大人になっても文字と色を分けられない人もいるのだと考えられている。

共感覚に関心を持ち続け数々の研究を行ってきた心理学者のジョン・ハリソンは

著書『共感覚　もっとも奇妙な知覚世界』（新曜社）の中で、この知覚現象を「学習された連合」と呼んでいる。

私たちが面接した共感覚者の中によくある説明は、色のついた文字の書いてある本を与えられ、そのため意識的にか無意識的にか、文字と色との連合を学習してしまったのだ、というものだ。でもこういった考えとは裏腹に、共感覚者たちは通常、これら特定の色の連合を学習したときのことを思い出すことができない（※一部文章の表現を変えています）。

ただ、私は今でも共感覚の原点の一部が、タワーカップにあることを覚えている。幼少期に遊んでいたおもちゃから自然と学習した感覚が今日の生活にも大きく影響を及ぼしていると思うと、それはとてもおもしろいことではないか！

読書が解いてくれた謎

なぜ幼少期に遊んでいたタワーカップと自分の共感覚が関連しているということがわかったのか。

きっかけは、大学の図書館で見つけた1冊の小説だった。

色聴と色字の共感覚を持つ主人公の女の子が、自身の共感覚のことを周囲の人にわかってもらえず、波乱の人生を歩んできたというお話だ。ウェンディ・マス著『マンゴーのいた場所』（金の星社）という題名のこの小説の中にはこんなシーンがあった。

主人公が自分の両親に「自分が音や文字に色が見える」ことを告白したとき

に、すぐに受け入れることができなくてひどく混乱した母親が言ったのだ。

「あなたが小さい頃遊んでいた色のついた積み木があったでしょう？　あの積み木には１つずつアルファベットが書かれていたから、それと関係しているんじゃないの？」


私はこの言葉を読んでタワーカップのことを思い出し、今自分に見えている色字と関係していることを発見した。

ちなみに『マンゴーのいた場所』の主人公は積み木に書かれたアルファベットの色と共感覚によって見える色字は関係していないという発言をしているため、彼女の共感覚はハリソンの言う「学習された連合」によるものではないと考えられる。


私が今でも見ている共感覚による文字の色の一部と、タワーカップの色が偶然一緒なだけではないか？

そう聞かれたとしても正直なにも答えられない。

『マンゴーがいた場所』を読んでタワーカップの色を思い出したときに「私の共感覚の原点の一部はここにある！」となぜかわかった。

「このことは絶対に合っている！」という確信めいた謎の自信が私に舞い降りてきたのだった。

共感覚の原因として考えられる説は、「学習された連合」以外にもたくさんあるらしい。

アメリカの神経科医シトーウィックは「偏頭痛と同じように脳に突然与えられた何らかの刺激によって起こる」と述べていて、国立精神衛生研究所で共感覚の研究を行っているピーター・グロッセンバッハーは「遺伝子の突然変異が大脳の新皮質というところに影響を及ぼしたものだ」と言っている。

また、共感覚が遺伝によるものだという説はかなり有力視されているようだが、先天的なものなのか、それとも後天的なものなのかもよくわかっていないらしい。

それにしてもタワーカップから学習した色字が何故「1」「6」「7」「8」「か」「く」「こ」の7文字だけなのだろう。

この7文字以外の文字の色は一体どこから学習したのか。いや、もしかしたら学習して身につけた後天的なものではなく、生まれつき備わっていた先天的なものなのかもしれない……。

とても気になるところだが、私にも全くわからないのだ。

タワーカップは今でも自宅にある。

遊び過ぎてカップに書かれている白い文字ははげかかっている。私は小学校に上がる前の6歳くらいまで毎日のようにこのおもちゃで遊んでいた。積み上げて遊ぶ他にも小さいぬいぐるみを入れて船のようにして遊んだりしていた。

私はあの頃なにを思って、このおもちゃで遊んでいたのだろう。

なにを考えながら、７つの文字の色をこんなにも深く身につけたのだろう。

今となってはもうなにもわからない。


ちなみに、４歳年下の妹とはずっと一緒に暮らしているため、当然妹もタワーカップで遊んでいたことになる。

ここで不思議なのは妹は共感覚者ではないということだ。

私は共感覚のことを知ったあの日、当時中学生だった妹に「文字に色が見えたりしたことない？」と聞いたが、「ないよ。なにそれ？　そんな人いるの？」と言われた。

どうやら同じおもちゃで遊んでいたことは関係ないようだ。

ここでもまた共感覚の謎が深まる。


とにかく、時計の針を小学校時代へと進めてみよう。

第3章　色鮮やかなスクールライフ

入学式のプラカードにいきなり困惑

小学校の入学式の日、学校に着くと、昇降口で胸に緑色の名札を付けてもらい1年4組の教室に誘導された。

なんで4組なのに4の水色じゃなくて緑色の名札なんだろう？

私の席は窓際の後ろから3番目の席で、日当たりがよくぽかぽかしていて、やさしい暖かさに包まれていた。

机の上にはよくわからない難しそうな文が書かれた保護者向けのプリントや教科書、登下校時にかぶる帽子などが置いてあった。

あの日、たくさんの同級生の姿を見て、なんとなく「みんな大人っぽいな」と思った。

新しい土地に引っ越してきたばかりの私にとって、小学校は完全なる新しい空間だった。そのうえ私は幼稚園で自分が他人より劣っていることをさんざん自覚してきたからか、みんなは私が知らないことをたくさん知っていて、私ができないことを難なくこなせるように見えた。

体育館での式のことはあまり覚えていないが、1つだけ印象に残っていることがある。

新入生入退場のときに、各クラスの先頭にクラスの番号が書かれたプラカードを持って歩いている人がいた。そのプラカードの色がクラスごとに違ったのだ。

1組のプラカードは、赤地に白色で「1」と書かれたもので、2組が青、3組が黄色、そして私のクラスの4組は緑だった。各クラスのプラカードにはっきりとした色の変化をつけることによって、クラスの境目をはっきりさせよう、ということだったんだろう。

それにしても、とんでもない色の組み合わせだ！

「1」が赤いのは合っているけれど、それ以外の数字の色は全て間違っている。私には「2」がピンクに見えるから2組のプラカードを青にするなんて本当にありえないし、「3」は黄色じゃなくて緑だし、「4」は水色なんだから、せいぜい青とかにしてくれてもいいのに。

また、入学式のプラカードの色はクラスごとの名札の色と同じだった。1組の子の名札は赤、2組の子の名札は青、3組の子の名札は黄色、4組の子の名札は緑色で、名札を見ただけで瞬時にその子が何組の子なのかわかるようになっていた。私にとってはとても納得できるような色ではなかったけれど。


とはいっても、このことにいつまでも悩んでいたわけではない。

私にも一応、学習能力というものはある。

かなり時間はかかったけど、何度も何度もいろんなクラスの子の名札を見ているうちに、どのクラスの名札が何色なのかは覚えることはできた。

本来ピンク色であるはずの2組の名札は青、本来緑色であるはずの3組の名札は黄色、そして本来水色であるはずの私のクラスである4組の名札は緑色、というように、共感覚によって見える数字の色と実際の名札の色を組み合わせて覚えたのかもしれない。

教室は、廊下側がカラフルで窓側は落ち着いた色

小学校に入学しても、相変わらず先生や友だちの名前には常に色が見えた。担任の先生は濃いピンク色（名字と名前の頭文字が両方ピンク色だった）。そして、クラスメイトの名前の色は、座席表に当てはめると、とてもおもしろかった。

入学してからしばらくの間、教室の座席は名前順だった。生徒は一番廊下側の一番前の席から名前の五十音順に座っていた。

一番廊下側の席の子は「あ行」だから、とてもカラフルで賑(にぎ)やか。

廊下側から2番目の列から3番目の列の前のほうにかけては「か行」の子ばかりだから、全体的に青くてなんだかとても寒そうな感じ（廊下側の席は北側だから余

計寒そう）。

教室の真ん中あたりの席には「さ行」（緑系統）と「た行」（オレンジと茶色系統）の子が多くて、窓側の席に近づくにつれて、少し落ち着いた色になる（「は行」は白や灰色など落ち着いた薄い色が多い）。

「ま行」は色のばらつきが大きくて、ちょっと落ち着かない。

そして、窓側の後ろのほうの「や行」（ピンク）や「わ行」（灰色）は直射日光にあたっていい感じに光って、やさしい色になっている（教室の窓は南側にあるから太陽の光がまぶしい）。

私の名前は「ま行」の後ろのほうで、教室の一番窓側の後ろのほうの席だった。

この席から私はいつも「座席の色」を見て楽しんでいた。

廊下側の青い名前の人たちを見て「寒色系だし北側の席だしとっても寒そう」とか、教室の真ん中のほうの緑や黄緑色の名前の人たちを見て「元気に成長している葉っぱみたいで健康的」とか。そんなことを考えながら、授業を受けていた。

小学校入学当時の座席表は今でもほぼ完璧に覚えている。あのときのクラスメイトの名前を言われたら、入学当時にその人が座っていた席を瞬時に言うことができる。全てみんなの「名前の色」で覚えているのは言うまでもない。

ピアノも「特殊な方法」でマスター

小学校入学直後、ピアノを習い始めた。

幼稚園のときに鍵盤ハーモニカをやっていたから、楽譜はすぐに読めるようになったし、もともと音楽が好きだということもあり、ピアノを習い始めるにあたって基本となることはすぐに習得できた。

ピアノを習ったことがある人はわかると思うが、ピアノの楽譜には音符の下に1~5の番号が書かれていることがある。これは、どの指でどの音を弾(ひ)くかを表すものだ。

音符の下に「1」と書かれていたら、その音は親指で弾きなさいという意味になり、「2」と書かれていたら人差し指、「3」と書かれていたら中指、「4」と書かれていたら薬指、「5」と書かれていたら小指になる。

この番号は左右両方の手に共通している。ピアノを弾き続けている人はどの番号がどの指を指しているのか、練習しているうちに自然と覚える。「ド」の音符を見たら鍵盤の「ド」を弾くことができるように、「2」と書かれていたら人差し指で、「5」と書かれていたら小指で弾くのだと瞬時に認識できるようになる。

私は数字にそれぞれ色が見えるから、ちょっと特殊なやり方でこれらの情報を脳内で処理していたのかもしれない。「1」は赤く見えるから赤は親指、「2」はピンクだからピンクは人差し指、緑は中指、水色は薬指、山吹色は小指で弾く、といったように完全に数字の色に頼って習得した。

そんなことをしているうちに、楽譜を見たときには音符ではなくて、数字に目が行くようになった。

私は音に色が見えるわけではないから、真っ黒な音符には色がなにも見えなかった（今では音符にも少し色が見える！）。その一方で、数字には1つ1つ色が見えるから、音符よりも数字を見ているほうが楽しいと思うようになってってしまったのだ。

ピアノ初心者レベルの練習曲には複雑な指の動きをするものがない。大体の場合は、真ん中のドは「1」の親指で弾くし、その隣のレは「2」の人差し指で弾く。

当時ピアノ初心者だった私は、なんと音符ではなくて音符の下に書かれた番号を見てピアノを弾くようになってしまった。そうすることで、色を頼りにどの音を弾かなくてはいけないのかを認識できるからだ。

「1」はド、「2」はレ、とやっていると、すぐに壁にぶち当たった。練習曲のレベルが上がってくると、そんなやり方では通用しなくなった。ファを「3」の指（中指）で弾いたり、ラを「5」の指（小指）で弾いたりすることが起こるようになったのだ。

私はそのとき、なぜかすぐに自分のやり方を変えることができた。もともと音符は読めていたからかもしれない。「1」の指（親指）で必ずしもドを弾くとは限らないこと、「2」の指（人差し指）で必ずしもレを弾くとは限らないことをすぐに学習した。

幼稚園のときの鍵盤ハーモニカとは違って、指の番号の色で混乱することはなかった。「親指」という文字には色が見えるけれど、肉体的な自分の指に色が見えるわけではないから。全ての指のつめに1色ずつ派手な色のマニキュアを塗ったりしない限り大丈夫だ。

ピアノを習い始めたばかりの私が、音符よりも指の番号に注目してしまったこと。色がついていないものよりも、色がついているものに頼って情報を処理しようとしたこと。

これらのことからは私たちの生活に色が及ぼす影響がどれだけ多いかがわかるような気がする。

例えば信号機だ。

もし、信号に赤・黄・青の色がなくて、道路を横断してはいけないときにはランプが消えていて、横断していいときだけランプがつくだけ、といったように簡素なものだったらどうだろう？　人々の注意を惹(ひ)くことは難しいんじゃないか。

赤いときには横断しない、青（といっても緑）になったら横断する、という情報のほうが学習しやすい。

ちなみに、日本に信号機が生まれたばかりの頃、通行人は信号機の赤、黄色、青がそれぞれどんな意味を表しているのかをなかなか理解できなかったそうだ。そこで警視庁は、赤灯には「トマレ」黄灯には「チウイ」青灯には「ススメ」と文字を書いて指導し、通行人は徐々にそれぞれの色が何を示しているのかを理解していったという。

私は勉強などで単語や名称を覚えるときには、必ず文字の色で覚えているが、これも色が私に与える影響が多いからだろう。色があるものを学習するときには自分では意識していなくても自然と色に頼る。

ずっと文字の色に頼りきって勉強しているから、突然文字に色が見えなくなってしまったら、なにも覚えられない人間になってしまうかもしれないとさえ思う。

混乱することはあっても、文字の色は私にとってかけがえのない大切なものなのだ。

ピアノは今でもずっと続けている。指を動かして音を奏でるのはとても楽しい。今では、鍵盤と音符にうっすら色が見えることがある。

この色は幼稚園のときに鍵盤ハーモニカに貼らされていたあのシールの色と同じで、あのときに学習した色と音符（音そのものではない）の組み合わせがどうやらまだ残っているらしい。

もしかしたら、子どもの頃からこの感覚はあったのかもしれないけれど、鍵盤と音符に見える色は文字に見える色に比べるとほんとにほんとに薄くて、今まで気づかなかっただけかもしれない。私はこの感覚を共感覚だと断定しようとは思わない。

九九はお任せ！

小学校低学年の頃の学校の勉強のことはあまり覚えていないけれど、1つだけ印象に残っているものがある。
それは掛け算の九九だ。

私は九九を覚えるのが早かった。
全て数字の色の組み合わせで覚えていたからである。例えば「2×3＝6」なら、「ピンク×緑＝濃い青紫」と覚えていたのだ。「2×3＝」という式を見たら自然と「6」の濃い青紫色が頭の中に浮かぶ。ものすごく便利だった。

これは私だけに限ったことではない。

カナダにあるウォータールー大学で、数字に色が見える共感覚者を対象にこんな実験が行われた。実験者は被験者の共感覚者に「5＋2＝」という式を提示した。すると被験者は、なんとそれだけで黄色を知覚したのだという（この被験者にとって「7」は黄色に見える）。

直接「7」という数字を見ていなくても「5＋2＝」という式を見ただけで「7」の色が見えるのだ。この実験からは「数字に色を見る共感覚者たちは、色抜きでは数字を扱うことができない」ことが証明された。

確かに私も「5＋2＝」という式を見ただけで瞬時に「7」のオレンジ色が喚起される。掛け算でも同じだ。

私にとって九九を覚えることは、色の組み合わせを覚えることだったのだ。色抜きで九九を覚えることなど、なにがあっても絶対にできないのである。

小学2年生だった当時は、自分が共感覚という稀な感覚を持っていることなんてもちろん知らなかったから、周りの同級生がまさか色を使わないで九九を覚えているなんて思ってもいなかった。

共感覚を知った今だからこそ言えることだが、私は九九をなかなか覚えられない同級生を見て、こう思っていたほどだ。

「色の組み合わせを覚えればいいだけなのに、なぜできないんだろう」と。

よく「7の段は複雑で覚えにくい」と言っている子がいるけど、「7」は明るくて活気に満ちたオレンジ色なんだから印象に残りやすくて覚えやすいのに。

隣の席の男の子が、

「8×8＝64は葉っぱが64枚って覚えなさいってお母さんに言われた！」

と言っていたけれど、そんな覚え方なんかよりも色の組み合わせで覚えたほうが効率的なのに。

「にいちがに」「ににんがし」「にさんがろく」というように、発音することによって文字で覚えていた人もいたんだろうか。でも私にはそういった覚え方をする必要はなかった。

私は九九が大好きだ。

確かに「6」と「8」は色が似ているから区別がつきにくかったけれど、何度も繰り返し学習したからか解決した。

特に今でもお気に入りなのは、「2×2＝4」と「7×7＝49」と「9×9＝81」の3つ。同じ色の同じ数字2つから、全く違う色の数字が生まれるのがおもしろい。

「2×2＝4」は暖色から寒色が生まれるのがおもしろい。

「7×7＝49」は海の向こうに夕日が沈んでゆく様子に似ていて、とても綺麗。

「9×9＝81」は「9」が2つも並んでいて、キラキラしていてちょっと眩(まぶ)しいのに対して、「81」が落ち着いた暗い色をしているからそのギャップがかなりお気に入り。


数字に色が見えることが九九を覚えるのにこんなに便利なら、私もインド人みたいに2桁×2桁暗算も覚えよう！　と思わなかったのは、きっと私がそこまで学習意欲が高い人間ではないからなんだろうな……。

理科と社会ではあまり役に立たず……

勉強というのは積み重ねていくものだから、九九が得意だったことは、掛け算の筆算や百ます計算をやるときにもとても役立った。

特に学校の授業でやっていた百ます計算は、先生がタイマーで時間を測り、全て解き終わった人は「はい！」と手を挙げて先生に報告し、先生に言われた時間を記録するというものだったから、計算の正確性に加えスピード感が大事だった。

前述したとおり、私は「2×3＝」という式を見ただけで、瞬時に「6」の濃い青紫色が脳内に喚起される（これは掛け算だけではなく足し算や引き算、割り算の場合でも同じ）。

百ます計算を解くときには、この「瞬時に計算式の答えの色が見える」ことを利用することで、計算するスピードを上げることができた。

私にとって百ます計算を解くことは、

「ピンクと緑だから濃い青紫！（2×3＝6）」

「水色と黄色だから緑と濃い青紫！（4×9＝36）」

といったように、瞬時にというよりはむしろ反射的に、脳内に喚起された色の数字をマスの中に書いていく作業だった。


そのおかげで、私の百ます計算を解き終わる早さは、クラス内で常に上位だった。クラスで1番か2番目に早く解き終わり、全問正解だったことが多かった。

でもそれは、私が自分自身に備わった「共感覚」という感覚を使ったことによって発揮できた力なのであって、私が俗に言う「勉強ができる人」「頭がいい人」であるわけではない。


事実、私が小学生のときに得意だった勉強はこれくらいで、その他の科目もみんなよりものすごくできたわけではなかった。

数字に色が見えるから3桁×3桁の難しい暗算ができるとか、そんな驚異的な才能があるわけでもない。私にとって共感覚は、なにをするにおいても役に立つものではないんだから。


実際、小学3年生になって理科と社会の授業が始まると覚えなくてはいけないことが増えたが、残念ながら理科と社会の勉強で共感覚に助けられた記憶はない。九九を覚えたときにはあんなにも共感覚に助けられたのに、それ以外の勉強に役立ったことはあまりなかったと思う。


理科の実験器具の名前や社会の地図記号や地名など、全て文字の色で覚えたのは確かなのに、そのことが勉強にすごく役立ったかと聞かれたらそうでもない。

「この問題の答えが青いことは覚えているのに、肝心の答えが思い出せない」

そんなことが今でもテスト中に起きたりする。

例えば「この地図記号はなにを表していますか?」という問題が出題されたときに、その答えが「青い」ことはわかっていても、果たしてそれが「官公庁なのか気象台なのか」が思い出せないのだ（官公庁も気象台も頭文字が青いから両方とも全体的に青い単語に見える）。

文字の色で勉強を覚えると、こうなることがある。これは、数字は0～9の10文字しかないのに対し、ひらがなは46文字もあるせいか、似たような色の文字がいくつもあるからだ（巻頭のイラストを見ていただければわかると思うが）。

色を覚えていても問題の答えを文字として正確に解答できなければ、学習内容を理解していると評価されることはない（当たり前だけど）。

詳しくは第5章で記すが、私は高校生のときに共感覚のせいで苦手意識を持ってしまった科目さえあった。そういった意味でも私にとって共感覚は常に勉強に良い影響しか及ぼさないわけではない。

「文字に色が見える」

と人に教えると、

「勉強とか色々覚えるの得意なんじゃない!?」

と言われる。

その度、私は訂正するのだ。

「確かに勉強に役立つことはあるけれど、それは分野によるよ」と。

文字に色が見えることを話してみた

この先ずっと忘れることはないであろう出来事が起こったのは、小学校4年生のときだった。

私は本書の「はじめに」で確かに言った。17歳のとき、学校の先生に打ち明けるまで、文字に色が見えることを他人にあまり話したことはなかった、と。

だが、これは「ほとんど話したことがなかった」ということであり、それまで全く話したことがなかったわけではない。

実は小学4年生のとき、一度だけ同じクラスの友だちに文字に色が見えることを話したことがあった。

詳しいことはよく覚えていないが、確か私は彼女と話しているときに6日と8日を間違えるといったようなミスをしたのだ。「6」と「8」の色は似ているからという理由で私が昔からよくやらかすミスだ。

そのとき彼女は、

「え？　今日は8日じゃなくて6日でしょ？」

というようなことを言い、私は、

「ごめん。6と8は色が似てるからすぐ間違えちゃうんだよね」

と返した。

「なに？　6と8の色？　どういうこと？」

「私の中では6と8の色は似てるんだよ」

「え？　数字に色なんてないでしょ？」

「そうなの？　でも私の中では数字には1つ1つ色がついてるんだあ」

「数字に色がついてる？　意味わかんない！」

彼女はその後も何日かにわたって、

「ねえ、この前言ってた6と8の色ってなに？」

「数字の色ってなに？」

としつこく聞いてきたが、私はその度に、

「だから、私の中では数字には1つ1つ色がついてるの」

と返すしかなかった。


何度説明しても、わけがわからないという顔をし続ける彼女に、これ以上口で説明してもなにも伝わらないと思い、私は実際に白い紙に色鉛筆で0以外の数字を書いて彼女に見せた（0は白だから書かなかった）。色鉛筆で数字の色を完璧に再現することはできなかったが、できるだけ似た色の色鉛筆で書いたのだった。

「ほら。6と8の色は似てるでしょ？　だから間違えちゃうんだよ」

「は？　意味わかんない」

相手に理解されなくてもなぜか私は全く傷つくことなく、興奮して喋り続けた。

「あ、あとね、数字だけじゃなくてひらがなにも色があるんだよ！」

「ひらがなにも？　なんで？」

私は五十音を一文字一文字、色を変えて書いて再現して、彼女に説明しようとしたが、12色しか持っていない色鉛筆でひらがなの色を全部再現しようとするのはダルいし、なによりめっちゃ大変な作業だし、ということで考えただけで面倒くさくなって、結局やらなかった。

当時10歳だった私は、仲良しの友だちに「文字に色がついてるとか意味わかんない」と言われたことにも全く傷つくことはなく、何日か経つとこの一連の出来事をすぐに忘れてしまったし、彼女もだんだんこのことを聞いて来なくなった。

そして、17歳になって共感覚を知ってから、いきなりこの出来事を思い出したのだ。


今ならわかる。

あの子の反応は決しておかしいものではなかった。あの歳で「文字に色がついている！」という友だちの言葉をすぐに理解して受け入れられる（共感覚者ではない）子どももなんてほとんどいない。


大学生になって、共感覚の研究をしている方とお会いしたときに、小学4年生のときに起きたこのことを話した。

「不思議ですよね。意味がわからないとさんざん言われたのに、あのときの私はその言葉に傷つくことなく、自分以外の人に文字の色が見えていないことに全く気づかなかったんです」

するど、研究者の方は言った。

「自分にとって共感覚があまりにも当たり前のことすぎて、そのときはお友だちが言っていることがわからなかったんだと思いますよ」


自分の中での常識を疑うことって本当に難しい。

頭の中で文章を書く習慣

小学校4年のときの出来事を最後に、私の児童期の共感覚に関する記憶はプッツリ途切れている。

年齢が上がるにつれて私の共感覚は私自身の心にも体にもより深く浸透していき、自然と「あのとき起きたあの出来事は共感覚によるものだったのか」と思うエピソードも減っていっているのだ。

小学校高学年のときの私は、時間があるときは大抵頭の中で小説みたいな文章を書いて遊んでいた。

自分の身に嬉しいことが起こったときには、そのことを文章にして頭の中で書く。悲しいことがあったときには、現実逃避をするために実際に起きたことを都合のいいように書き換えて妄想する。

そうすることで心の中が整理された。


頭の中で文章を書いているときにも、僅かではあるが文字に色を感じる。

私はこの頃からなんとなく「いつか本を書いて出版してみたいなあ」なんて思い始めていた。


このあと、共感覚的には特に語るべきことがない中学時代はすっとばし、高校時代に私が共感覚を知ってから自分の身に起きたエピソードを綴っていく。

その前に、次の章では、共感覚に関して私がよく聞かれる質問（ＦＡＱ）に質疑応答形式で回答しておくことにする。

第４章　初心者でもわかる！　共感覚ＦＡＱ

私の共感覚についてよく聞かれること

他人に共感覚のことを話すと驚かれることが多いものの、この珍しい感覚に少しでも興味を持ってくれる人は、なにかしらの質問をしてくれることが多い。

共感覚を持っていない人からの質問は、共感覚のない世界を知らない身からするととても勉強になるものばかりで、素朴な疑問を抱いて質問してくれる人にはとても感謝している。

本書で興味を持ってくださったみなさんにも、せっかくなので詳しく知ってほしい。というわけで、本章では、よく聞かれる質問を、次の2つに分けて回答していこうと思う。

1 私個人の共感覚に関する質問
2 共感覚一般に関する質問

ただし2に関しては、私は共感覚の専門家ではないため、共感覚者一個人の意見を基に書いたものであることを理解したうえで読んでください。

私個人の共感覚に関する質問

Q1 色付きで書かれた文字はどう見えるの?

私には「あ」が赤く見えるが、これは「あ」が黒いインクではなく青いインクで書かれていても赤く見える。

ただし、これには例外がある。

例えば、文章として陳列している文字が1つ1つ違う色でカラフルに書かれている場合は、共感覚によって見える文字の色はものすごく弱くなる。このことは、現在通っている大学の先生の下で、「ストループ検査」というものをやらせてもらったときに判明した（詳細は第6章で）。

私個人の
共感覚に関する質問

Q2 文字のもともとのインクの色と共感覚によって見える文字の色はどちらのほうが強いの？

視覚的な意味ではもともとのインクの色のほうが少し強い。でも、共感覚によって見える色のほうが印象的で頭に残りやすいため、私は色付きのインクで書かれた文字を見たときにも、黒いインクの文字を見たときと同様、共感覚の影響を強く受けている。

私個人の共感覚に関する質問

Q3 共感覚によって文字に色が見えるのに、文字のもともとのインクの色も見えているなんて矛盾してない?

共感覚にまつわる研究の第一人者として知られる、アメリカの神経科医リチャード・シトーウィックが、

「共感覚は言葉に言い表せないものであるから、共感覚のない人が共感覚を理解するためにはそれを直接経験するしかない」

と言っているだけあって、共感覚を言葉で説明するのはとても難しい。特にこの質問をされたときに私はどう説明したらいいかすごく悩んでしまう。

でも、すごく鋭い質問だ。私はいつも、次のように答えている。

「実際に目では文字が書かれているインクの色に見えるけれど、頭の中では共感覚

によって見える色に見えるんだよ」
「例えば、毎日赤いリンゴを見ている人がある日突然黒いリンゴを見たときに、目では実際のリンゴの色が黒いとわかっていても、頭の中では赤という色を感じるんじゃない？　本来赤いはずの黒いリンゴを見ているのと同じように、私も本来赤いはずの黒い〝あ〟を見ているということなんだよ」

この説明は自分の感覚を完全に伝えられる説明ではないけれど、こう説明するしかない。

私の場合、紙に書かれている黒い文字の上に共感覚によって見える色をした文字が乗っかっているように見えるわけではなく（そう見えている共感覚者もいる）、黒い文字を見たときに「その文字の本当の色を知っている」という感覚で共感覚によって見える色を感じている。

つまり、一般的に言われている「視覚」で捉えているとは言えないのかもしれない。そうわかっていても「黒い文字に色が見える」と断言できてしまうんだから、そもそも「見える」という言葉は「視覚で捉えること」に限らず、「頭の中で認知すること」も指すのかな？　などと色々と考えてしまう。

私個人の共感覚に関する質問

Q4 白く見える文字は白い紙の上だと見えなくなっちゃうんじゃないの？

1つ前の答えと同じになるけれど、私は共感覚によって見える色を頭の中で認知しているのであって、実際に紙の上に色とりどりの文字が並んで見えるわけではない。

共感覚によって白く見える文字もあくまで頭の中で白いと認知しているため、実際に白い紙の上に白い文字が書かれているように見えることはない。だから、白い文字が白い紙の上で見えなくなってしまうことはない。

「共感覚によって見える色を頭の中で認知している」

と私は言っているけれど、共感覚者によっては、

「共感覚によって見える色の文字が実際に紙の上に並んでいるように見える」

「共感覚によって見える色の文字が自分の目と紙の間で宙に浮いているように見える」

という人もいるらしく、見え方は本当に人それぞれらしい。

私個人の共感覚に関する質問

Q5 赤、青、緑などの「色の名称」の漢字は何色なの？

「漢字の色はその読み方のひらがなの頭文字の色に見える」

これが原則なのだが、なんと、「色の名称」の色は基本的にはその漢字が指している色に見える。

「青」は「あお」と読むときにも「せい」と読むときにも青く見え、「緑」は「みどり」

と読むときにも「りょく」と読むときにも緑色に見える。

しかし、複雑なことに「赤」と「紫」は例外なのだ。「赤」は「あか」と読むときには赤く見えるのだが、「せき」と読むときにはなぜかひらがなの「せ」の黄緑色に見え、「紫」は「むらさき」と読むときには紫色に見えるのだが、「し」と読むときにはひらがなの「し」の白に見える。

つまり、「赤飯」を「せきはん」と音読みで読むか、「あかめし」と訓読みで読むかで「赤飯」の色が変わるということになるから、めちゃくちゃややこしいなと我ながら思う。

また、色の名称の漢字の他にも「男」「女」も「漢字の色はその読み方のひらがなの頭文字の色に見える」というのに反している。

「男」は青に見え、「女」はピンクに見える。この色は「おとこ」「だん」「おんな」「じょ」といういずれの読み方のひらがなの色にも従っていない。

大学の統計学の試験で、男女それぞれに取ったアンケートの調査結果をまとめたグラフが書かれた問題が出題されたときに、この「男」と「女」に見える色に気づいた。

幼少期から男の子の色は青系統、女の子の色はピンク系統というイメージがあったからなのかもしれない。

私個人の共感覚に関する質問

Q6 漢字の色は音依存なのに、数字の色は音依存じゃないの?

「漢字の色はその読み方の頭文字のひらがなの色に見える」

そう話したときに聞かれた質問。

私に見える数字の色は音依存ではない。

どういうことかというと、「1」の色がひらがなの「いち」の色とは関係ないということだ。つまり、「7」を「なな」と読んでも「しち」と読んでも「7」の色とは関係ないということになる。

この質問をされて気づいたのだけれど、算用数字と漢数字の色にはおもしろい違いがある。

数を数えるときに使う漢数字の色は算用数字の色と同じなのに、なんらかの名称に使われる漢数字は、他の漢字同様、その読み方の頭文字のひらがなの色に依存される。

例えば、「4」は水色に見えるため、漢字で「四つ」「四本」と書かれている場合にも水色に見えるのだけれど、「四国」という単語を見た場合、「四」はこの場合の読み方の「し」の白色に見える。

でも、私にとって漢字の色は数字やひらがなに比べると弱いせいか、漢字を見たときはいつでもこれらの法則に従って見えるというわけではなく、「四国」が「4」の水色に見えたりすることもある。

私個人の
共感覚に関する質問

Q7 マーカーペンで文字に色をつけても気分が悪くなったりしないの？

共感覚を知る前から、教科書などにマーカーペンで線をひいて勉強したり、大事なところを赤ペンで書いて板書するなどしているけれど、特に気分が悪くなったことはない。

私の場合、文字に見える共感覚の色は頭の中だけでしっかりと認識しているのであり、視覚的に捉えているわけじゃない。そのため、共感覚によって見える文字の色とカラーペンの色は自然と区別することができる。

それならなぜ、幼稚園で鍵盤ハーモニカにシールを貼る作業に苦労したのか、と思われるかもしれない。

鍵盤ハーモニカのシールの色はドは赤、レは黄色、というように1音ずつ違った。

それに対して、勉強するときに1文字ずつ色を変えてマーカーペンで線をひくということはまずない。

1文字ずつ色を変えてマーカーペンで線をひいていたら、もちろん気分が悪くなると思うけど、それは共感覚を持っていない人も同じですよね？

私個人の共感覚に関する質問

Q8 文字を読んだり書いたりせず、音声を聞いたときにも文字の色は見えるの？

人と普段、会話しているときに文字の色が見えることはない。

しかし、約束ごとを言われたり、授業中に先生に言われたことを頭に叩き込まなければならないときなどに、その言葉に意識を集中させると色が見えることがある。

私個人の
共感覚に関する質問

Q9

色字以外の共感覚はないの？

色字共感覚を持っている人の中には、文字以外のこと（音など）にも色が見える人が少なからずいるが、私は色字以外の共感覚は持っていない。

とはいっても、最近は執筆にあたって幼稚園の鍵盤ハーモニカのシールのことを思い出すことが多いせいか、ピアノを弾いているときに、鍵盤や楽譜に書かれている音符に鍵盤ハーモニカのシールと同じ色がぼんやりと見えることがある。

でもこの感覚ははっきりしないうえ、最近になるまで意識することはなかったし、幼少期からずっとある感覚ではないため、共感覚と呼ぶには無理があると思っている。

私個人の
共感覚に関する質問

Q10 年齢が上がるにつれて文字の色が弱くなってきたりしない？

「大人になった今は共感覚者ではないが、幼少期に共感覚を持っていた」という人はたまにいるらしく、そういった人のほとんどは10代の間にだんだんと共感覚が薄れていくという話を聞いたことがある。

しかし、私の場合は決してそんなことはなく、今でも幼少期と同じようにはっきりと文字に色が見える。

私は今さら突然文字に色が見えなくなったら、なにも覚えられない人間になってしまうと思う。

今まで文字の色に頼りきって勉強などを覚えてきたためだ。

だから、今後もずっと共感覚を持って生きていきたい！

共感覚一般に関する質問

Q11 共感覚って精神疾患？ なんかの病気？

私にとって文字に色が見えることは、自分の中にある感覚のうちの一部でしかなく、五感に加えてもう1つ「第六の感覚」があるような感じにしか思っていない。

その感覚が偶然ほとんどの人にはない珍しい感覚だっただけ。

それなのに、

「病気ですか？」

と聞かれると、残念な気持ちになる。

「病気だね」

と断言されたわけではなく、

「病気ですか？」

と言われただけでも、病気なのかもしれないと疑われるようなことなんだ、とちょっとがっかりしてしまう。

共感覚は病気ではない。私はそう思っている。みんなにとってピーマンが緑色に見えることと、私にとって3が緑色に見えることに大した変わりはないのだから。

確かに珍しい感覚ではあるけれど、珍しい、という理由で勝手に病気にされてしまっては困る。

実際、共感覚が他の神経系の病気や精神的な病気と関連しているという報告はないとされていて、世界保健機関（WHO）が公表している国際疾病分類にも掲載されていない。

それでも、共感覚を病気だとする人はいるらしい。

そう考える人は共感覚を珍しいがゆえに異常なものと捉えているからだと最初は思っていた。確かに共感覚を通常な感覚というのには無理がある。でも、異常なもの＝病気というのはなにか違う気がしてきたのだ。

「共感覚は病気ではない」ことを人に話していたとき、

「じゃあ、病気じゃないっていえる根拠はあるの？」

と言われたことがある。私はこう答えた。

「私は医者に共感覚と診断されたわけじゃないし、病院に通っているわけでもない。共感覚を治療するために薬を飲んだりリハビリをしたこともない。むしろ共感覚は失いたくないと思ってるから、治すとか進行を抑えるとか、そんなことをするなんてとんでもないとさえ思ってるわけだし」

だが、あとでよく考えてみると、

「医者に診断されてないうえに病院で治療してないから、病気じゃない」

というのも、なんとなく違う気がしてきた。

そこで、共感覚に関心を寄せている人に、

「なぜ共感覚は病気ではないと思いますか？」

と聞いてみたら……。

「共感覚者の中には、共感覚が自分の日常生活に好影響を与えていると感じている人と、悪影響を与えていると感じている人がいるわけだから、共感覚者によって病気とするか否かは異なってくるんじゃないの？

共感覚のおかげで有利なことがある人は病気だと思わないだろうし、共感覚のせいで人生が狂わされていて、共感覚を自分の中から抹消したいと考えてる人は病気だと捉えるしかないかもしれない」

ああ、そういうことか、と思った。

私は共感覚のせいで多少困っていることはあるけれど、それらは人生を狂わせるほどのことではないし、共感覚に助けられていることも多々ある。だから、

「共感覚が病気だなんて信じられない！」

と思っているけれど、それは共感覚者一個人の考えであって、私の考えが他の全ての人にも当てはまるわけではない。

共感覚を病気だと捉えている共感覚者が実際にいるとしたら、その人たちは、私

のように共感覚者として生きていることを誇りにさえ思っている人にはわからないような苦労を、たくさんしてきているのかもしれない。

そう考えると、共感覚を病気だと捉える人がいる理由がわかってきたような気がした。

仮に、共感覚のせいで日常生活の中で欠かせない作業などが自力でこなせない共感覚者がいたとしたら、周囲の人はその人を病人だと思い援助する必要があるかもしれない。

でも、共感覚者ではないうえに共感覚の知識がほとんどない人が、軽々しく「共感覚は病気だ」という発言をするのは、やめていただきたいなと思う。

ちなみにパトリシア・リン・ダフィーは、著書『ねこは青、子ねこは黄緑』の中で、次のように述べている。

私が話を聞いた共感覚者に、誰1人として共感覚を病理ととらえる人はいない。万が一、正確には病理とみなされるべきものであるとすれば、それを持つものが誰も治癒を望まない、めずらしい病理ということになる。

さらに言えば、2020年現在、国際疾病分類に正式な病名として記載されていない時点で、病気ではないと断言してもいいんじゃないか。

共感覚一般に関する質問

Q12 みんなに見えていない色が見えるってことは、オーラが見えるってことでいいんだよね?

初めてこの質問をされたときには、

「とんでもない! そんなわけないでしょ!」

と思った。

物心ついたときには当たり前のように文字に色が見えていて、それをオーラやスピリチュアルと結びつけて考えたことなんて一度もなかったから。

私は人の名前を色で覚えているものの、「この色の名前の人はこういう人柄だ」など、名前の色でその人の内面などを見たりしようとしたことはない。

テレビで、人にオーラが見える人が、その人の人柄や未来を言い当てたりする番組などを観たことはあったが、そのことと私が文字に色が見えることに共通点があるなんて信じられないと思った。


そこで私はあえて遠森慶氏(とおもりけい)の『共感覚でスピリチュアルを読み解く』(東方出版)という本を手に取ってみた。

遠森氏は、文字に色が見える色字共感覚を持っているほか、文字ほど強くはないものの音や痛みにも色を感じることがあるという共感覚者だ。

遠森氏は、

「共感覚が霊視や引き寄せなどに関係しているのではないか?」

という仮説を立ててこの本を書いたという。

その中で遠森氏は、共感覚の中には「会った人に色を感じる、または見える」というものがあると述べており、色の他にも音楽や風景、形や味などを感じる共感覚を持っている人もいるという。遠森氏はこれらの感覚のことを「対人共感覚」と呼んでいる。

私は案外、昔からオーラと呼ばれてきたものの何割かは、共感覚なのではないかと思っています。なにしろ共感覚の様態を言葉にするのは難しいので、「オーラが見える」としか言い表せなかった対人共感覚者はかなりいるはずです。「会っている相手の、体外に出ている意識」を自分の意識がキャッチし、色として知覚する共感覚がオーラの正体なのではないでしょうか。

遠森氏は、この他にも「死期が近い人から線香の匂いがする」人や、「自分の身に危険なことが起こるときには特定の色や音（他の人には感じない）を感じる」人などの例を挙げ、これらの現象は共感覚的なものだと述べている。

一般的にオーラといわれているものと、私の色字共感覚には、他人には見えていないものが見えているという共通点がある。

それはわかっていても、私は共感覚をスピリチュアル的なものと結びつけて考えたことがないという自分自身の経験上、

「オーラと呼ばれているものの中には共感覚によるものもあるだろう」

という考えを即座に受け入れることはできない。

以前、文字に見える色で名前を占う色字共感覚者の話を耳にしたときには、同じ色字共感覚者にこんな不思議なことをする人がいるんだ、と驚いた。

とはいっても共感覚者の数だけ共感覚の種類があるといっていいほど、共感覚は多種多様だと思っているから、遠森氏の考えを否定する気は全然なくて、「共感覚者の中にはこういう人もいるんだな」というふうに共感覚者の一個人の意見だと考えているし、そう考えることが多様性を受け入れるということなんだと思う。

でも、共感覚のことをあまり知らない人に、共感覚者＝オーラが見えている人、霊感が強い人、と勝手に結びつけられてしまっては困る。

私のように、オーラが見えているわけでもなく霊感やスピリチュアルといったものを意識することもなく生活している共感覚者もたくさんいるのだから。

世の中にはいろんな人がいるように、共感覚者の中にも、共感覚が強い人、弱い人もいるし、文字に色が見える人もいれば音に色が見える人もいるし、そして、共感覚をスピリチュアル的なものに結びつけている人もいればそうでない人もいる。

共感覚者の数だけ共感覚の種類があるため、オーラやスピリチュアルのことに限らず、「共感覚者はみんなこういう人だ！」という強い固定観念を持たれるのは、私としてはあまり気分がよくない。

共感覚一般に関する質問

Q13 共感覚を持っていることを証明することはできるの？

共感覚を信じられない人も少なからずいると思う。

それは外見でわからないことや、あまりにも不思議すぎるものであることの他に、簡単に証明することができないからだろう。

イギリスの心理学者であるサイモン・バロン＝コーエンという人が、アルファベットに色が見える色字共感覚者に、アルファベットのどの文字が何色に見えるのかを聞き、1年後に再びどの文字が何色に見えるかを聞くという実験をした。すると、そのうちなんと92％が1年後にも同じ色を答えたのだ。

一方で、共感覚者ではない人たちにアルファベット1文字ずつにランダムに色を振り分けて覚えさせ、同じ実験を行ったところ、僅か1週間後であっても同じ色を答えられた人は37％しかいなかった。

色字共感覚者はどの文字が何色に見えるかはいつも同じで、何年経ってもその色は変わらないという人が多い（もちろんそうでない人もいる）。確かに私も、今見えている文字の色は幼少期からずっと変わっていない。

一方で、色字共感覚者ではない人がアルファベットやひらがなに色を振り分けて覚えても、それをずっと記憶し続けることは難しいらしい。そのため、実験のような結果が出るのだと考えられる。

また、今では共感覚を科学的に証明することもできる。

病院で患者の体内を調べるために使うｆＭＲＩという機械を使い、色字共感覚者が人の話を聞いているときに脳内でどんなことが起きているかを調べると、脳内で色の情報を処理する部分が活発に動いていることがわかるという。耳から言葉を聞いているだけだから、聴覚野だけが働いているはずなのに、色を処理する部分も働いているのだから驚きだ。

一方で、色字共感覚者ではない人に言葉と色を結びつけて感じ取る訓練をさせ（この単語を聞いたときにはこの色を思い浮かべなさい、というように）、同じようにfMRIで脳内を調べても、色の情報を処理する部分が活発に動くことはない。

共感覚者が、自分は色を「見ている」と主張したとして、科学は今や、「そのとおり、あなたは本当に色を見ているんです」と答えられる水準まで達しているのである。

（ジェイミー・ウォード『カエルの声はなぜ青いのか？』より）

この2つの実験はいずれも、文字に色が見えるタイプの共感覚のみにおけるものではあるけれど、共感覚を証明できるという実験結果があるということに関して私は嬉しいと思った。私も共感覚のことを人に話したときに、首をかしげられ、「本当にそんなことがあるの?」という表情をされたりしたことがあるからだ。

共感覚一般に関する質問

Q14 共感覚者じゃない人が意図的に共感覚を身につけることは可能?

共感覚者ではない人が共感覚を身につけるためのトレーニングがあるといわれている。

その内容は、梅干しの写真を見ただけで梅干しの酸っぱさを感じることができるように訓練するとかそういったものらしい。

でも、共感覚者の多くは思い出せる限り昔から共感覚があるという研究結果が出ているわけだし、私も物心ついたときからずっと文字に色が見えているわけだから、意図的に身につけるという行動をする人がいることを知ったときには驚いた。

もちろん、そういったトレーニングをやってみることは全然いけないことではないと思う。でも、共感覚を身につけることで人生が豊かになるという保証はできないわけだし、物心ついたときから共感覚を持っている身からすると、とっても不思議なトレーニングだな、と思うのだ。

もっと驚いたことは、西洋で昔、薬物を使ってまでして共感覚を体験したがる人がいたということだ。

その人たちは薬物を使用することで、共感覚に似た知覚様式を経験したらしいが、それは薬物が効いている間だけ感じるものであり、とても共感覚といえるものではなかったらしい。

イギリスの発達心理学者サイモン・バロン=コーエンやジョン・ハリソンはこれを「薬物的共感覚」と呼んでいるけれど、それはいわゆる幻覚だという意見もある。つまり、本物の共感覚ではないと考えられている。

共感覚一般に関する質問

Q15 「1が赤い」っていうのはなんとなくわかるよ。共感覚者じゃなくてもそういうイメージを持つ人はいるんじゃないの?

共感覚は誰でもある程度は感じているという説があるらしい。

実際、共感覚者ではない人でも、「黄色い声」「ブルーな気分」という言い方をしたりするからそれはなんとなくわかる。

こういった言い方は「イメージ」に基づいて表現しているんじゃないかと思う。でも、共感覚は「イメージ」ではなく「感覚」なのだ。

実際に声を聞いて無意識に黄色という色が見えたなら、それは声に色が見える共感覚といえると思うけれど、黄色っぽい「イメージ」があるな、としか思っていないのであれば、それは「感覚」とはいえないような気がする。

もちろん共感覚者ではない人が「イメージ」だけを頼りに物事を色と結びつけているわけではないとは思う。

色が「暖色」「寒色」という名称で分類されるのはとてもおもしろい。色に実際に温度があるわけではないのに、「暖かさを感じる色」「寒さを感じる色」とされている。暖色の壁の部屋に入った人は体感温度が上がり、寒色の壁の部屋に入った人は体感温度が下がるという実験結果が実際にあるのだからおもしろい。

これこそ無意識に起こっている現象であり、「イメージ」のみに基づいているものではないことがわかる。この実験結果からは「イメージ」と「感覚」の違いがよくわかるし、共感覚者ではない人でもある程度共感覚らしきものは持っているという説があることにも納得がいく。

それでも私は文字を見た瞬間1秒以内に色が見えるのだ。

それを「イメージ」や「共感覚者ではない人もある程度持っている共感覚らしきもの」と一緒にされるとなにか違うな、と思う。

共感覚はその名のとおり「感覚」なのであり、「イメージ」ではないし、共感覚者ではない人が感じることのない極めて稀なものであり、その人自身に備わっている感覚のうちの1つなのだと私は主張したい。

共感覚一般に関する質問

Q16 他にどんな共感覚があるの?

共感覚は英語でsynesthesia。synはギリシア語で、「共に」「同時に」esthesiaは、「感覚」。2つ以上の異なった感覚を共に感じるというのは、幅広い意味を持つ。私は、文字を捉える感覚と色を捉える感覚を共に感じているけれど、共感覚の種類は他にもたくさんある。

■音に色

色聴ともいわれる。共感覚で一番知られているのはこれかもしれない。私も「文字に色が見える」と人に話すと、「音に色が見えるっていう人は聞いたことがあるけど、文字に色が見える人もいるんだね！」と言われたことが何度かある。

私にはこの感覚がないからどんな感じなのかよくわからないけれど、ある特定の機械音や曲にはこの色が見える（感じる）とかピアノの「ミ」はこの色だとか、そんなふうに感じる人がいると聞いたことがある。

私が尊敬しているフランスのピアニスト、エレーヌ・グリモーは文字と音の両方に色を感じる共感覚者だ。いくつかの種類の共感覚を持ち合わせている共感覚者というのは珍しくないらしい。

グリモーは、リストの曲は金色がかった色調に感じ、ベートーベンの合唱幻想曲は黒、緑、赤、黄色のらせんを感じると話している。そしてBはいつも青く見え、2は黄色で4は赤。

Wikipediaに共感覚者であると確証される人物としてエレーヌ・グリモーの名が挙げられているのを見て「え、この人もなの！」と驚いた。そしてその後彼女がインタビューを受けている様子を動画配信サイトで観たとき、「B is always blue……」などと話していて、「共感覚の話してる！」ととても感動したのだ。

音に色……どんな感じなんだろう。

文字は自分から意識的に見ることが多いけれど、音は自分の意識とは関係なく入ってくる情報だし、例えばボーッとしていてもいきなりなにか聞こえたりするから、やっぱりちょっと違うのかな？　音に色が見える共感覚者と会って話を聞いてみたい。

■味に形

共感覚研究の第一人者であるリチャード・シトーウィックの著書『共感覚者の驚くべき日常　形を味わう人、色を聴く人』（草思社）の原文タイトルは『The Man Who Tasted Shapes』である。シトーウィックは、知人のマイケル・ワトソンのディナー・パーティーに呼ばれ、マイケルがローストチキンのソースをかきまぜているのを見ていた。そしてマイケルはソースを一口味見し、こう言ったのだ。

「おっと、チキンのとがりが足りないな」

マイケル曰く「このチキンは、とがった形に味つけするつもりだったのに、丸くなってしまった」「とがりがないと客に出せない」らしい。

彼は食べ物を食べたとき、主に顔にこすりつく感じか手の中にある感じで形を味わっていた。同じ味には決まって同じ形を感じる。シトーウィックの前で「チキンのとがりが足りない」と口を滑らせるまで、共感覚という言葉すら知らなかったという。

■痛みに色

パトリシア・リン・ダフィーは『ねこは青、子ねこは黄緑』の中で、キャロル・スティーンという共感覚者と対談したときのことを書いている。キャロルは芸術家であり、自分の共感覚の経験を、絵を描いたりオブジェを作って表現するなどしている。

キャロルはパトリシアと同じく文字に色が見えるほか、皮膚が刺激を受けたときにも色が見えるという感覚を持っている。その中でも痛みに感じる色は自分の病気の診断に役立ったという。「オレンジ色の痛みは深刻な痛みで、青い痛みは心配のない痛み」だから、オレンジ色の痛みを感じたときは、深刻な状態になっているとわかる。

彼女はこの感覚のおかげで、自分の歯の神経が死にかけていたことや膝の怪我(けが)が重症であることに気づくことができた。いずれもオレンジ色だから危険！となったらしい。

他にも珍しい共感覚の持ち主として挙げられるのは、数学の天才であるダニエル・タメットだろう。彼は1～10000の数字にそれぞれ色、手触り、そして感情まで感じており、これらの感覚を自然と活用し、非常に複雑な計算式の答えを暗算で導き出すことができる。

上記以外にも、匂いに味がするから料理をすると舌が混乱するという人や、人の表情や感情に色が見える人、音に味がする人もいると聞いたことがある。

2つ以上の異なった感覚を共に感じる共感覚。この言葉が指している感覚は本当に多岐にわたる。本などで共感覚者の情報を入手すると、自分と同じだと親近感が湧(わ)いたりもするけれど、共感覚者だという共通点があっても実際は違うことだらけだということを忘れてはいけないと思っている。

第5章　それを知ってからのこと

待って！　源氏の将軍の名前はみんなピンク色

高校3年生の5月に「みんなは文字に色が見えていない」という衝撃的な事実を知ってから、私は初めて自分の共感覚を意識して生活するようになった。すると、高校の勉強で困っていたことの原因が共感覚に関係していることに気づいたのだった。

一番困っていたのは、古典文法の助動詞がなかなか覚えられなかったこと。この話は複雑になるため、1つだけ例を挙げて話そうと思う。

例えば基本形「けり」の助動詞には「過去」と「詠嘆」の2つの意味がある。私はそのうち「過去」は覚えることができても、「詠嘆」が覚えられなかった。

「けり」が青紫色であり、「過去」が青であるため、この2つの単語は似ている色の単語として関連づけて覚えることができる。ところが「詠嘆」は黄色であるためどうしても仲間外れになりがちで、「けり」「過去」の2つと結びつけて覚えることが難しかったのだ。

日本史でも困っていることがあった。

鎌倉時代に権力を握っていた源氏の将軍の名前が、なんとほとんどピンク色なのだ！

源氏の将軍には「頼（より）」「義（よし）」などの漢字から始まる名前の将軍が多く、その他にも「家（いえ）」「満（みつ）」などの漢字を含む名前の将軍もいて、運悪く私には「よ」「い」「み」が全部ピンク色に見えてしまうため、源氏の将軍の名前を区別するのに苦労した。

もちろん「義家（よしいえ）」「義綱（よしつな）」「義光（よしみつ）」といったように「義」ではじまる名前の将軍でもみんな2文字目は違う。けれど、私は単語の頭文字の色が単語全体の色となって見えるため（これは多くの共感覚者に当てはまることらしい）、「義家」も「義綱」も「義光」も全員ピンク色の将軍として覚えるしかなかった。

小さい頃からずっと文字の色に頼り切って勉強してきたから、それ以外に暗記をする術（すべ）を知らない。

そのため、本来は、

「青紫色の名前の戦いでは赤い名前の人がオレンジ色と茶色が混ざった色の名前の人を滅ぼした（本能寺の変）」

というように覚えている。しかし、源氏はピンク色の名前の将軍が多すぎて、鎌倉時代にどの戦いでどの源氏の将軍が活躍したのか、なかなか覚えられなかった。

一方、日本史の年号を覚えるのは得意だった。とはいっても「6」と「8」の色が似ていることには相変わらず悩まされ、1600年代や1800年代は大変だった覚えがあるけれど。

共感覚者はすさまじい記憶力を持っていると思われがちだけれど、それは全ての共感覚者に共通していえることではないとおわかりいただけるだろうか。

文字に色が見えるなら、色で勉強を覚えればいいというのは、確かにそのとおり。

でも、私のように文字の色が原因で、特定の分野の勉強に支障が出る人もいるわけだ。

なかなかうまくいかないものである。

高3の夏休み、ノートに書いた日本史の用語の上から、色鉛筆で、共感覚によってその文字に見えている色を塗ってみた。

みんなは文字の色が見えないというのなら、受験で自分の共感覚を武器にしたいと思っていた私は、もしかするとそのほうが覚えやすくなるかもしれないと考えたのだ。

しかし……別に効果はなかった！

わざわざそんなことをしなくても、文字の色ははっきりと見えているため、今までどおり自然に見える文字の色のほうが断然慣れているし、わざわざ余計な手を加えないほうが勉強に集中できるという結論に至ったのであった。

高校を卒業して自由に使える時間が増えると、ますます共感覚のことを意識するようになった。

共感覚に関する書籍を何冊か読み、自分と同じような感覚を持っている人がいることを知ってとても共感し、「自分だけじゃない」という謎の安心感に包まれた。

迷路のような大学の建物で研究室を探すには

大学に入学してからも相変わらず、自分が共感覚者として生活していることを実感させられる出来事は度々起こっている。

大学は高校までと違って、授業によって教室の建物があちこち変わる。小学生のときからずっと授業の時間割表は自然と色で覚えてきたけれど、大学生になってからはさらにどの授業が何号館で行われるかも覚える必要が出てきた。

私は当然のように、それも色で覚えた。

大学の建物は○号館、といったように全て数字だから、数字の色が一番強く見える私にはとても覚えやすい情報だ。

しかし、色が似ている6号館と8号館を覚えるのは大変で、今でも時々どっちがどっちだかわからなくなる。

「なんでこんなに似ているんだ、紛らわしい！」

と叫びたくなるくらい色が似ているのだ（叫んだところで誰にも伝わらないことはわかっている）。

何号館かはわからなくても、8号館で行われる授業のときに8号館がある場所へ自力で行くことはできるし、

「6号館へ行きなさい」

「8号館へ行きなさい」

と指示を出されることも滅多にないから、しょっちゅう悩まされているわけではないけれど。


先生の研究室を訪ねるときには、先生の名字が書かれている研究室の配置図を見て、先生の名字の色を探して先生の研究室の場所を確認する。

長澤先生（仮名）の研究室に行こうと思えば、まず研究室の配置図から緑色を探す。

同じく緑色の他の先生の名字に一瞬目が留まると、

「あ、この人じゃない」

と脳が反射的に反応してまた別の緑色の名字を探す。

そしてまた別の緑色の名字が目に留まり、そこに「長澤」と書いてあることを確認して、場所探しが終わる。


これは冷蔵庫から野菜を取り出すときに似ている気がする。

にんじんを取り出したいときには冷蔵庫の中からオレンジ色のものを探すように、目的のものを色を頼りに探すという経験は、色覚が機能している人なら誰もがしていることだと思うのだ。

統計学と、タッチタイピングと、共感覚の私

私のように心理学を専攻している大学生には、統計学の勉強が必須になっている。私が共感覚を知ったのは高3の5月だったのだが、文系科目の受験だった私は高3のときにはもう学校で数学の授業を受けていなかった。つまり、共感覚を知ってから、初めて俗に言う計算問題というものを解いたのが、大学に入学してからだったのだ。

そういうわけで、大学に入学してから統計学の授業で計算をしているときに、いきなり共感覚のことを思い出した。

「そっか。私が計算しているときに見えているこの数字の色は、みんなには見えていないのか」

文字の中でも数字に最も強く色を感じる私にとって、数学や統計学の問題集は全ページめちゃくちゃカラフルなのだ。

それを決して不快に思ったわけではないけれど、

「自分の意志でこの色を消すことはできるのかな？」

とふと思った。

問題集に顔を近づけてみる。目を凝らして色とりどりの数字をじっと見つめ、

「この数字たちは黒だ！」

と心の中で自分に言い聞かせた。

それでもやはり数字の色が消えることはなかった。共感覚は自分の意志で消すことができないんだと、改めて思い知らされた次第である。


同時に、数式の「＋」「－」「＝」などの記号には色が見えないことにも気づいた（あくまで私の場合。記号に色が見える人もいる）。

「文字に色が見えない人は英数字もこんなふうに色が見えていないのか」

「文字に色が見えないなんてどんな感じなんだろう」

そんなことも、このとき改めて思った。

共感覚者ではない人が、共感覚者に見えている世界を知るのが難しいのと同じで、共感覚者である私が、文字に色が見えていない人が見ている世界を知るのも難しい。


私が通っている大学では、1年生の必修の授業でコンピュータの使い方を習う授業がある。

学生は先生の指導の下、実際にコンピュータを操作しながらこれから大学の授業で必要になる機能について学ぶ。最初に与えられた課題はタイピング、そしてタッチタイピング（キーボードを見ずに入力すること）を素早くかつ正確にこなすことだった。


タイピングの練習は専用のソフトを使って行われる。

画面に映し出された文章を打ち込み、一定の速度と正確率に達しないと次のレベルに進めないという仕組みのものだった。中学生の頃から小説を書くのが好きでタイピングに比較的慣れていた私は、難なく授業についていけた。

しかし、タイピングの全レベルをクリアし、タッチタイピングをやり始めた瞬間……私の成績は下がった！

またもや文字の色に邪魔されていたのだ。


大学のコンピュータ室には、タッチタイピング用のキーボードがある。タイピングをするときにキーボードの文字が見えないように、上から1文字ずつシールが貼られているものだ。

このシールの色が、親指でタイプする文字は緑、小指でタイプする文字は紫、といったようにカラフルに色分けされていたのである。

幸い、この授業の先生が共感覚に理解のある人だったおかげで、私はカラフルなシールが貼られたキーボードでタッチタイピングの練習をしなくていいことになった。わかってくれる人がいるのはとてもありがたかった。

鍵盤ハーモニカの悪夢が蘇る。シールの色で混乱した4歳のとき。

でも、今は違う。

あのときにはできなかったことが、今はできるようになった。

4歳と大学生を比べているのは馬鹿げているかもしれないけれど、月面着陸並みの大きな進歩だと思うのである。

自分の感覚が共感覚という名のついたものであることを知った今では、黒い文字にも色が見えるという不思議な感覚を持っていることを他人に説明できる。

ちょっとえらいじゃん、私。

第6章　実験、そして新たな発見

私、研究対象になる

大学生になってから、共感覚の研究をしている人や共感覚に関心を寄せている人との出会いに何度か恵まれた。

自分が研究対象になる、というのはおもしろい体験だ。

ちょっと専門的な話も入ってくるが、「へーそんな研究するんだ！」ぐらいのノリで読んでもらえたら幸いである。

高校3年生のとき、母の知人から、

「東京大学の大学院に、研究に協力してくれる色字共感覚者を募集している研究室がある」

という話を聞いた。

限られた人にしかできないことが自分にはできるんだ、という今までに感じたことのなかった気持ちを抱き、ぜひ研究に協力したいと思った私は、大学生になってからすぐに応募した。

というわけで大学生最初のゴールデンウイーク中、私は東京大学文学部・人文社会系研究科で、人が目で見たものを頭の中で処理する仕組みについて研究している方々の研究室に伺った。

文字を見たときに起こる自分にとっては日常的な感覚に関心を寄せ、研究している人たちがいるということが、なんだか不思議に思えた。

研究室では、まず、どの文字がどの色に見えるかを答える実験をやった。コンピュータの画面上に表示された一つの文字が共感覚によってどの色に見えるのかを、同じく画面上に表示された138色の色から選ぶというものだった。

この実験はひらがな、カタカナ、数字、アルファベット、漢字を対象に行われた。

「自分が見えている色を選ぶだけなら簡単でしょ」

と思っていたけれど、なんとこれが意外と難しかった。

ひらがなやカタカナ、数字の色はほぼ迷わず答えられたけれど、アルファベットや漢字など色が若干曖昧（あいまい）な文字はいざ色を聞かれるとわからなくなった。普段から文字の色を聞かれる機会がないし、誰かに聞かれなくても自然に色は見えているから今さら聞かれても……ということもあったかもしれない。

混乱してしまったものは、

「なんとなくこの色が一番近いかな？」

というものを選んだ。


この実験をやらせてもらって初めて気づいた、（私的に）衝撃の事実がある。

それは、自分が漢字に見える色が、その漢字の読み方のひらがなの色に左右されているということ。そして、色の意味を持つ漢字がその色に見えること（「青」が青く見えるなど）だ。

実験で色を入力しながらこの漢字はこの色だな……と考えているうちに、この法則性に気がついた。

意識して実験を行うまで気がつかないほど、自分に染みついている感覚。当たり前であり、かつあまりにも身近なことすぎて見えていなかった現実。

この実験のあとには、共感覚に関する質問紙を記入したり、研究室で共感覚の研究をされている先生や学生さんと話したりした。


すると、またまた新たな発見があった。質問紙で、

「文字に光沢が見えることはありますか？」

と聞かれたときに、「9」「ら」「り」「れ」「ラ」「リ」「レ」が光沢のかかった黄色であることに気づいたのだ。

「文字の色は実際に文字が書かれている紙の上にのっているように見えますか？頭の中で〝その文字の色を知っている〟というように見えますか？」

と聞かれたときには、自分は実際に文字の色を見ているのではなく、頭の中で色を感じているのだということに気がついた。

そして研究室の方々との話の中で自分の共感覚について質問されているうちに、文字の色が数字＞ひらがな＞カタカナ＞アルファベット＞漢字の順に弱くなっていることを初めて知った。

すごいぞ、実験。

ひとりじゃないという安心感

私個人のことに限らず、共感覚に関する相対的なことも知ることができた。

私が「西」と「ｗｅｓｔ」の色の組み合わせが不自然で覚えにくいことや、ひらがなの色に関して、同じ行の文字は同じような色が見えること（「か行」は青系統であり「さ行」は黄緑系統であることなど）を話すと、

「そのような色字共感覚者は多いんです」

と言われ、なぜか安堵（あんど）した。


また、私のように共感覚に関する幼少期のエピソードを語ることのできる共感覚者は少ないらしく、私の体験談は貴重なデータになると言っていただいた（このことも私が本を書こうと思ったきっかけの1つになった）。

私が疑問に思っていることを質問する時間も設けてもらったため、長らく疑問に思っていたことを聞くこともできた。

「自分は17歳になるまで共感覚に全く気がつかなかったが、他の人はどうなのか」

返ってきた答えは、「人それぞれ」。

文字を読んだり書いたりしながら、「この文字は緑で、この文字は赤で……」と言っている子どもを見て、周りの大人が、「この子は共感覚があるんじゃないか」と気づくこともあれば、大人になってから「みんなは違うの!?」と気づく人もいるという。

そのことも関係しているのか、東京大学の研究に協力している色字共感覚者の年齢は様々なんだとか。

そう、気づくにはきっかけが必要なわけで。

それを生み出すのは、共感覚の知識がある人と出会い、尚かつ共感覚者が自分の感覚を言葉にすること、もしくは本やテレビやインターネットなどで共感覚のことを知ること。

私は前者だった。文字に色が見えることを話せるほど信頼できる大人に出会えたこと、そしてその人が共感覚の知識がある人だったという偶然が重なった。

でも、共感覚者は自分の共感覚を他の人も当然感じているものだと信じて疑わずに生きていることが多いと思われるため、このことをわざわざ他人に話そうとしなかったりするのだ。だから共感覚者が共感覚を知るきっかけはつかみにくいものなんだと思う。

さらに、もう1つ気になっていたことも聞いてみた。

「共感覚が共感覚者にもたらす好影響と悪影響の一般的な度合いは？」

すると、共感覚に助けられている人や困らされている人はかなりいるが、いずれも大きな影響と呼べるほどのものではなく、共感覚者であるからという理由で人生において なんらかの大成功を収めた人や、人生を狂わされた人はほとんどいないと言われた。

つまり、足が速い人とか暗算が得意な人がいるようなものなんだろうか。そういった人たちも、その才能が極端なものではない限り人生が左右されることはそんなにない気がする。

ストループ検査は早口言葉みたいにややこしい

共感覚の知識がある人との出会いは、これで終わりではなかった。私が大学で心理学を専攻していることは大きかった。

大学1年生のときに受けていた授業で、1人ずつみんなの前で個人研究発表をするようにという課題を与えられた。発表のテーマは自由だったため、私はなんとなく共感覚のことを調べて発表しようかな、と思った。

「先生、共感覚ってご存知ですか？　えっと、私それ持ってるんですよ。だから発表のテーマを共感覚にしようと思うんですけど、どうですかね？」

茜色の名前をした先生は急に驚いた顔をした。温かい人柄で、かついつもマイペースでのんびりしている感じの人だから、意外だった。

「え、そうなんですか！　私、共感覚に興味あって、たまに授業で取り上げたりしていて、その度に学生に共感覚持ってる人、いませんかー？　って聞いたりしてるんだけど、なかなかいなくてね。まさか偶然、こんなところに共感覚者がいるなんて、思ってませんでしたよ」

意外と身近に共感覚に興味ある人がいるんだ、と私も嬉しく思った。

「この文字はどう見えるの？」

「数字の色は音依存じゃないの？」

などと色々と質問をされて、会話がとても弾んで楽しかった。そして最後にこう言われた。

「ストループ検査っていうのやってみない？」

例えば赤色で書かれた「赤」や青色で書かれた「青」を見れば、その意味が瞬時にわかるものの、緑色で書かれた「赤」や赤色で書かれた「青」を見たときには解釈に時間がかかる。このように、文字の意味と文字の色の不一致により混乱が生じることを、ストループ効果という。

図1（巻末カラー205頁）のAとBのように、色で書かれた漢字と■を見たときに、意味と色が一致しているAのほうが明らかにわかりやすい。ストループ検査では、被験者がこの漢字の意味の色と■の色が一致しているかしていないかを回答する時間を計ったほか、図2のような文字列を「あか、あお、みどり、き…」といったように唱えたときの時間も計った。

一般的には、図1ではAのほうが回答するのが早く、図2（205頁）でも、Aのほうが唱えるのが早い人がほとんどである。

茜色の先生は、

「共感覚で文字に色が見える人なら、ちょっと特殊な結果が出るかもしれない」

と、私にストループ検査をやらせてくれた。

結果、図1のAでは、実際の文字のインクの色と共感覚によって見える文字の色がほとんど同じであるため、共感覚者ではない人と見え方はそんなに変わらなかったかもしれない。しかし図1のBでは、緑色の「赤」を見たときにも赤い色が頭の中に浮かぶため、平均よりも少しだけ早く答えられた。

とはいっても、共感覚によって見える文字の色よりも実際の文字のインクの色に影響され多少混乱したせいか、平均とそこまで大差はなかったけれど。

図2のAは図1のA同様に、実際の文字のインクの色と共感覚によって見える文字の色がほとんど同じであった。そして図2のBでは、自分でも驚いたことに共感覚の色をほとんど感じなかった。

図2のBのように1文字ずつランダムに色がつけられたカラフルな文字列を見ると、共感覚という感覚自体ほとんど出てこない（共感覚の色がものすごく強い数字0〜9は例外）。ストループ検査をやらせてもらうまで、カラフルな長い文字列を見る機会はなかったため、このことには気づかなかった。

ストループ検査を通してわかった私の共感覚の特徴がある。

黒以外の色で書かれた文字を見たときにも、共感覚による文字の色は見える。だが、1文字ずつランダムに色がつけられたカラフルな文字列を見たときには、共感覚による文字の色はほとんど見えなくなるのだ。

もちろん、これは私の共感覚の特徴であるため、色字共感覚者全てにこのような特徴があるわけではない。

私は大丈夫だったけれど、ストループ検査では様々な色の文字をたくさん見せられるため、色字共感覚者によっては気分が悪くなってしまう人もいるかもしれない。ストループ検査はとにかくややこしい。間違えないようにこなさなくてはならないという意味でも、早口言葉を30秒間ずっと言わされるくらい大変だ。

飴色の名前の先生とオレンジ色の名前の後輩

2年生になって知覚心理学という授業を履修した。その名のとおり、視覚や聴覚といった知覚を心理学的な立場から研究する学問のことだ。担当の飴色(深い茶色)の名前の先生も、偶然共感覚にとても関心を寄せている人で、授業内で共感覚のことを取り上げてくれた。

その日の授業内容は人間の感覚についてで、五感(視覚、聴覚、嗅覚、味覚、触覚)などの基本的な感覚について触れた後に、例外的な感覚(みんなが持っているわけではない珍しい感覚)について学んだ。

配布された授業プリントには、様々なひらがなや漢字、アルファベット、数字が黒字で書かれている。その上に「共感覚」と書かれていたものだから驚いた。

「ここにいろんな文字が書いてあるけど、みなさんはどう見えますか？ どうかな?この文字は黒く書かれているけど実はこういった文字に色を感じる人がいます」

「よっしゃ、きたこれ」

私は心の中でそう呟いた。

「共感覚持ってる人たまにいるんですよね。もしこの中に、自分共感覚持ってるかも、という人がいたら、色々お話を聞きたいので教えてくれると嬉しいです」

私は授業後迷わず先生のところへ行って伝えた。

「私、共感覚者です」

「共感覚持ってるの？ あそこにいる彼女もそうだよ。彼女は先週の授業のリアクションペーパーに共感覚のこと書いてくれてね」

授業に共感覚が出てきたかと思ったら、同じ授業を履修している学生で自分以外に共感覚者がいたものだから、二度驚いた。

彼女は私より1学年下の後輩だった。

まろやかなオレンジ色の名前をしている。

彼女は文字以外にも音や感情、表情にも色が見え、ときには形にも色が見えるという、私よりも強力な共感覚の持ち主であった。

私は今まで、

「若い頃は共感覚があったけれど今はない」

「時々なんとなく音に色が見える気がする」

という人に出会ったことはあったけれど、こんなにもはっきりと共感覚を持った人と実際に出くわしたのは初めてのことで、とても嬉しく思った。


飴色の先生は、私とオレンジ色の後輩にこんなものを見せてきた（206頁・図3）。見てわかるとおりひらがなの「あ」と「き」を反転させたものだ。

私には、「あ」を反転させたものは「あ」の赤い色が見え、「き」を反転させたものは上半分は「き」の青色に見え、下半分は「ち」に似ているため「ち」の黄色に見えた。

これに対し後輩は、それぞれもとの文字の色がねじれたようなかたちのものを連想した、と言った（206頁・図4）。

その次に先生に「このアンビグラムはどう見える？」と聞かれた（206頁・図5）。アンビグラムというのは、文字の書き方にとある工夫を加えることで、反転させると別の文字に見えるようになるという不思議な文字だ。

「げんき」と書いてあるけれど、これを反転させると「こども」と書いてあるように見える。これも私と後輩とでは、見え方は全然違った（206頁・図6と図7）。

私と後輩は同じ共感覚者なのに文字の色の見え方は全然違う（「あ」と「き」に見える色は偶然同じだった！）。

彼女との出会いは以前から私が抱き続けてきた、

「共感覚は人によって全然違う」

「共感覚者の数だけ共感覚の数がある」

という説を後押ししてくれた。

私は彼女とお互いの共感覚にまつわるエピソードを語り合った。

彼女も私のように共感覚に助けられ、そして共感覚に困らされていた。

彼女の場合は共感覚のおかげで歌の歌詞やゲームのルール、友だちの誕生日は覚えやすいものの、歴史の年号や英単語のスペルをまとめて色で見てしまうため同じ色のものだと区別がつかず覚えるのが大変だったという。


私が日本史の源氏の名前がピンク色の人ばかりでなかなか覚えられなかったことを話すと、彼女も日本史の勉強で困っていたことを教えてくれた。

試験で人物名を出題されたときに、似た色の名前の人物は時代に関係なく混乱してしまうため、明治時代の人物の名前を答えなくてはいけないときに全く関係ない大和時代の人物の名前と間違えそうになる、と話してくれた。


奇跡的に出会えた共感覚者とこういった会話を交わしているうちに、昔共感覚のせいで混乱して誰にも話せずに1人で抱え込んでいたときの自分に「文字の色で混乱するなんておかしいことじゃないよ」と言ってあげたくなった。

まぁ、掛け算九九を数字の色で素早く覚えられたときの自分が、共感覚のことを知ったら、調子に乗ってただろうけど。

色字共感覚には2種類ある

少し専門的な話にはなってしまうけれど、色字共感覚者の感じ方の種類は大きく2つに分けられる。

1つは投射型とよばれるもので、もう1つは連想型とよばれるものだ。

投射型は共感覚色が見ている文字の位置やその近傍（きんぼう）（すなわち外界）に存在しているように感じると報告するのに対し、連想型は色が外界にあるようには感じられず、色の印象が「頭の中」で喚起される。ただし、投射型と連想型は明確に二分されるものではなく、連続性を持つと考えられている（宇野究人・浅野倫子・横澤一彦『漢字の形態情報が共感覚色の数に与える印象』）。

簡単に言ってしまうと、色字共感覚者のうち投射型に相当する人は、共感覚によって見える文字の色が自分の目の前に見えるのに対し、連想型に相当する人は、共感覚によって見える文字の色が頭の中に浮かぶ。

しかし、全ての色字共感覚者がこの2つのどちらかに区分されるわけではなく、投射型と連想型の両方の特性を持つ人もいる。

「どちらかというと投射型だけど連想型の傾向もある」

あるいは、

「どちらかというと連想型だけど投射型の傾向もある」

という人もいるといわれている。

スポーツは得意だけど球技だけはちょっと苦手とか、音楽には基本興味がないけどテレビで聴いたあの曲だけは好きで頭から離れないとか。得意不得意や好き嫌いでもそうであるように、「必ずどちらか一方である必要がある」わけではないと思う。

私と後輩ではこの投射型と連想型の明確な違いがあった。

私は文字の色が頭の中に浮かぶ連想型なのに対して、後輩は頭の中の空間から文字の色が出ているという感覚と目の前で浮いているという感覚を持つ、投射型と連想型を併せ持つタイプの共感覚者であった。

彼女と出会う前から2種類あることは知っていたけれど、正直自分が連想型の特性しか持っていないこともあり、投射型の人がいるということはあまり信じられなかった。

「頭の中で喚起されるのとは違い、目の前に文字の色が見えるなんてどうなっているの？」

そう思っていた。

けれど、投射型の人がその感覚を一生懸命語る姿を実際に見れば、実際にそういう人が存在するのだと信じざるを得なかった。

やっぱり他人のことを理解するのは簡単じゃない。共感覚者ではない人が私の主張する「文字の色」がなかなかわからなかったりするように。でも簡単じゃないからこそ、理解できたらより寛容な心を持てるようになるかもしれない。

もう1つわかったこと。

飴色の先生が、私たち2人の共感覚者を相手にここまで熱心に研究するのには、理由があった。

先生はもともと共感覚を心理学の知識として知っていた。

共感覚の研究論文を読んだところ、

「共感覚者は文字で勉強を覚えられるため記憶力に優れている……」

と述べられているものが多かったという。

しかし私たちが、

「共感覚のせいで勉強に支障が出ることがある」

「同じ色の歴史の人物は紛らわしいから困る」

などと言ったため、

「心理学の研究を通して、共感覚者が困っていることを解決できないかな？　なにか力になれないかな？」と思ってくれたのだった。

その一方で、私たちは共感覚を勉強に活かすことができるときもあると言ったためか、

「共感覚の研究を行うことで非共感覚者でも共感覚的体験ができるようになったら、記憶法の1つとして役立てられるかも」

と考えたんだとか。

好奇心旺盛とかそういうこと以前に、

「誰かに役立つことをしたい」

という良心が研究欲につながるなんて、そんな素敵なことはない。

顔文字はどう見える？

飴色の先生の下で、オレンジ色の後輩と私はその他にも共感覚にまつわる数々の実験をした。その中で特におもしろかったのは、次の実験だった。

「半角記号でできた顔文字にどんな色が見えるか？」

図8（178頁）の顔文字を見せられ、どの顔文字がどんな色に見えるかを答える。文字に色が見える人を対象に行っている実験なのに、なぜこんなものを見せられるのか。最初はわからなかった。

図8の顔文字のうちのⒶを見て、Aが赤く見えたときに初めて、この実験の意図がわかった。半角記号でできた顔文字にはアルファベットや数字が含まれているのではないか……。

半角の顔文字に色は見えるか？

〈図 8〉

(´艸`)	m(__)m	(ŏ﹏ŏ｡)	(` ⊥´)
(` ε´)	(´ε `)	(`v´)	(*￣m￣)
B ―(´v`)→	(TзT)	(^_^)	(;_;)
(°⊥°)	(^O^)	(p_q)	(; ∀ ;)
(` ｪ´*)	(*_*)	(^⊥^)	(˘⊥˘)
D → (T_T)	(* ` へ´*)	(^з^)	(6﹏∂) ← C
(` _´)	(*°ε´*)	(` ∀´)	(TmT)
(´･ω･`)	(` 皿´)	(; m ;)	(;^_^A ← A
(≧ω≦)	(º∀º)	(^ω^)	(˘ω˘)

〈図 9〉

´`()艸	_mm(_)	ŏ)ŏ﹏｡(	⊥`)(´
()ε` ´	(ε `)´	v()`´	(*￣￣m)
´ `)(v	T)T(з	^_)(^	;;)(_
(⊥°)°	O(^)^	_q()p	;)(∀ ;
`*()ｪ´	_**()	^)^⊥(	˘()˘⊥
E → TT(_)	*(*)へ` ´	^)^(з	∂)6(﹏
´)`(_	)´*(°*ε	∀)(´ `	m)(TT
ω･･´()`	皿)´ ` (	()m ; ;	_;(A^^
≧(≦)ω	º(º)∀	ω)(^^	ω˘)˘(

Ⓑやⓒなど、アルファベットや数字を含んだ顔文字があるのにもかかわらず、私はこれらに色を感じなかった。

私がこれらの顔文字に含まれているアルファベットや数字を、文字としてではなく、顔のパーツとして認知していたからだと考えられる。

つまり、私は文字を文字として認知していない限り、色を感じることができないとわかった。

Ⓐは、実験で使われた顔文字のうち唯一文字（この場合はA）が顔のパーツとして認知しにくいものであったため、私はこの顔文字のAが赤に見えた。


一方で後輩は、これらの顔文字全てに色を答えていた。彼女は文字だけでなく表情にも色を感じる共感覚者なのだ。

それだけじゃない。顔文字だけでなく人の顔の表情を見たときにも色を感じるらしい。

嬉しい表情には暖色、悲しい表情には寒色を感じる傾向にあるんだとか。私には全くわからない感覚だけれど、これもまた、「共感覚は人それぞれで、本人以外にはわからない」ということを改めて私に教えてくれた。

飴色の先生ときたら本当に発想力が豊かで、この顔文字の実験の翌週には、私たち2人にこのようなものを見せた（図9）。

なんと、前回の実験で用いた顔文字を全てバラしたものだった。

今度は、顔文字の中に含まれるアルファベットや数字を顔のパーツとしてではなく文字そのものとして認知したため、色を感じることができた。

Ⓓを見たときには「T」が「涙を流している目」に見えているものの、この顔文字を崩したⒺを見たときには「T」が「T」という文字として見えるため、「T」の茶色を感じたのだ。

もちろん、Ⓓをじっと見つめて「目の部分はTというアルファベットだ」と意識すれば茶色く見えるのだけれど、普段メールをするときに、感情を表そうという何気ない気持ちでこの顔文字を使ったときには、色を感じないのである。

同じものを見ているのに、こちらの意識の向け方で感覚が変わるなんておもしろい。

ちなみに後輩は、崩しても元のかたちに近い顔文字には表情に感じる色が見えたり、かなりバラバラに崩されているものは文字の色が見えたりすると答えていた。

そもそも色ってなに？

飴色の先生は、さらに疑問を持ち始めたらしい。

「共感覚者が共感覚によって見えている色というのは、共感覚とは関係なく通常物理的なものを見たときに見える色となにが違うのだろう？」

たとえを挙げて話すと、

「正常の視覚と色覚を持った人がリンゴを赤いと感じるのと、私が『あ』という文字を赤く感じるのにはなにか違いがあるのだろうか？」

ということだ。

通常、私たちには光は白く見えているけれど、これは何色もの色の光が混ざって白くなっているからだといわれている。

実際に光をプリズムに通すと、白い光が1色ずつ分かれて虹色になって見える。私たちの目に赤く見えるリンゴは、これらの何色もの光のうち赤色以外の光を吸収し、赤色の光だけを反射している。そして、リンゴから反射されたその赤色の光が私たちの目に入ることによって、私たちはそのリンゴを赤いと認知することができる。

「色はその物体が発信しているのではなく、光の影響を受けて見えているものである」

といわれても、想像しにくいかもしれない。けれど、光がなく真っ暗な空間では目の前の物体の色が見えないことを考えると、意外と単純な定義だと思う。

先生が抱いた疑問の内容を言い換えると、つまりこういうことになる。

「色は光の影響を受けて見えるものであるなら、共感覚者が共感覚によって見える色はどうなんだろう?」

このときに先生が思いついた実験方法は、

「目をつぶった状態の共感覚者の手のひらに実験者が指で文字を書いたら、果たして共感覚者は文字の色を感じるのか？」

だった。

私と後輩はお互いの手のひらに順番に指で文字を書くということをやった。

まず先生が私に「か」と書かれた紙を見せてきて「この字を書いて」と言い、私は言われたとおり後輩の手のひらに「か」と書くと、彼女はなんと「青に見える」と言ったのだ。

そして私にも同様の反応が起こった。

私たち2人はこの実験をしたときにも、普段から見えている文字の色が見えていた。私の場合は普段と同じように頭の中に文字の色が浮かび、後輩は頭の中と目の前に文字の色が見えていて、ここでもそれぞれの連想型と投射型の特性が表れていた。

視覚的に文字情報がなくても、皮膚情報のみで色を感じられる。

つまり、共感覚によって見える色には特に光は関係ないと考えられるわけだ。物理的なものを見たときに感じる色と共感覚によって感じる色は、一言でいうと同じ色ではあるけれど、実際にはこんなにおもしろい違いがあるなんて不思議だ。

とはいえ、なんの予告もなしにいきなり手のひらに「さ」と書かれても、「え、なに!?」となるだけで「さ」の色を感じることはないだろう。

実験のときには、「今から手のひらに文字を書きます」と言われていたから、文字を認知して、それと同時に文字の色を感じることができた。けれど、これを不意打ちにやられたら、文字の色が見えないどころか文字を認知することすらできない。やはり共感覚による文字の色を感じるには、その文字自体をしっかりと認知している必要がある。

正直、私は、自分がここまで事細かく共感覚の実験や勉強をする機会に恵まれるとは思っていなかった。

共感覚が心理学と深い結びつきがあるなんていうことは全然知らなかったため、まさか自分が大学生になって共感覚の知識のある人と出会うとは思ってもいなかった。

私の身に様々な奇跡が重なった。

第7章　1週間はまあるいわっか

共感覚者と時間

共感覚者にとっては、時間というものの捉え方も独特だ。

例えばパトリシア・リン・ダフィーは、それを空間として見ている。

年は黄色い三角形で、その鋭利な角に十二月から一月までが振ってある。週ははしごで、各曜日は色の異なる横木である。もしくはコイルのように巻かれたらせん形で、色が外に向かって発散している。これが回転すると、周囲に一回り大きい色のらせんができる。これが月で、それがさらに集まると、色合い豊かな年となる。

本来、時間は時の流れを指すものであり、決してはしごでも横木でもない。それでもパトリシアは、自分のスケジュールを考えるときに、その時間を情景と切り離して考えることができない。

共感覚者の中には、このように時間を空間認知している人が多いとされている。

私もパトリシアの著書でこの文章を読んだとき、「自分もそうだ」と思った。

私にとっての1週間は、細長い丸いわっか（巻頭参照）。

セロハンテープを全部使い切ったあとに残る、あの芯によく似ている。それが黒い線で綺麗に7等分されており、その7つのスペースがそれぞれ月曜日から日曜日の各曜日のスペースになっている。

みなさんの頭の中はどうですか？

手帳のように直線的だったりするのかな。

日付が経過するのと同じように、私の頭のなかのわっかも回転する。それは日頃から毎日回転しているのではなく、曜日を意識したときのみ回転する。

例えば、今日が水曜日だとする。

私の頭のなかにあるわっかは水曜日の部分が私の目の前に位置している。

「今週の土曜日の予定は？」

と聞かれると、そのわっかは約１５４度時計回りにくるっと回転し、土曜日の部分が私の目の前にくる。そして、その土曜日の部分に書かれている予定を見て、

「この時間にこの人と会う日だ」

などといった情報を得る。


わっかが回転するとはいっても、わっかの外側にある私自身の目が反時計回りに動いて目的の曜日に行くこともある。

でも最近は、反時計回りに回っているわっかの外側を、私の目が時計回りに動いて目的の曜日に行く、ということが一番多いような気がする。

実際に目の前にわっかが見えているわけではなくて、文字の色と同じようにただ

頭の中で見ている。

共感覚者の中にはこの現象を「心の目で見ている」と表現する人もいるらしいけれど、果たしてその言い方が自分の感覚にも当てはまる言い方なのかはわからない。

実際に見えているわけではないけれど、見えている。

今の時点ではこう表現するしかなくて、他人に共感覚のことや時間の空間認知のことを伝えるのには限界があると感じてしまっている。

わっかに書かれた曜日の文字にも色が見える。しかしこの色は、私の中で定義づけられた「この文字はいつでもこの色に見える」という法則に従った色ではない。このわっかに書かれた曜日の文字はそれ独自のものなのだ（本来私には「月」は青色か青紫色か濁った白色に見えるにもかかわらず、この場合「月曜日」の「月」はなぜか朱色に見える、など）。

1年はA4サイズの画用紙

私は、週だけでなく1年の12個の月も空間認知している。

A4サイズくらいの画用紙のようなものが目の前に現れたような感じだ（周りに四角い輪郭が見えているわけではない）。

この画用紙を真ん中で上下2つに区切り（境界線はないけれど）、上段に1～5、下段に6～12、と書かれており、この数字が各月の数字を表している。この際、各月の間に境界線などはない。シンプルに数字だけ書かれている。

新年は画用紙の左上から始まり、だんだん右へと進んでゆく。そして6月になると目線を下段の左側に移動し、新しい月になる度に右へと進んでゆき、右端の12月に到達したときに1年が終わる、といった感じだ。

例えば今が5月だとして、「7月末に一緒に遊ぼう」と言われたら、画用紙が瞬時に私の目の前に現れ、画用紙の上段の右端にある「5」を見てから下段の左側の「6」を見てその次に隣の「7」を見てから返事をする。

曜日のことを聞かれたら、あのわっかを動かし、月単位で「○月にあそこに行こう」と遊びなどに誘われたときには、この画用紙に書かれた数字を目で追っていく。私は頭の中で一瞬でこれらの動作をしている。

時間を空間認知していることは、私になんのメリットもデメリットももたらさない。

空間認知しているから自分の予定に関する記憶が定着しやすいこともなく、絶対に約束を忘れない自信があるわけでもない。

そして、空間認知によって自分の生活を狂わされるといったことも全くないため、時間の空間認知は、私の日常生活の中では正直どうでもいいことなのだ。

当たり前すぎてどうでもいいことだからこそ、パトリシアの著書を読んだときには驚いた。

パトリシアはピーター・グロッセンバッハー博士から、

「言語に色を見る共感覚者の中には、時間を色、形、次元を伴うものとして知覚している人が多い」

と言われて、初めて自身の時間の空間認知が共感覚と関係しているものだと知ったという。

共感覚はあくまでも1つの情報から2つ以上の感覚を感じることを指すため、このことが時間の空間認知に直接関係しているとは言い難い。

しかし、グロッセンバッハー博士は、

「大多数にとっては抽象的である時間単位が、共感覚者にとっては無意識のうちに、一貫性のある、全感覚に関わる概念としてとらえられている」

と言っている。

自分と同じく色字共感覚者であるパトリシアも、自分と少し似ている時間の空間認知をしていることを知って、嬉しかった。

理解しあえる人が全然いないからこそ、ちょっと似た感覚の人がいると嬉しいと思える。

そしてそれと同時に時間の空間認知と共感覚に関連があるということもわかって、もっともっと嬉しかった。

「人と違う」ということ

共感覚を持っているせいで困ることも多々あるのに、私は自分が共感覚者であることを誇りに思っている。

理由は単純。

「人と違う」から。

文字に色が見えるという自分の感覚が共感覚と呼ばれるものであると知った日、確かに私は「人と違う」自分を発見して喜んでいた。

「自分以外の人も文字に色が見えるのか？」

ということすら考えていなかったときに、この感覚が割と特殊なもので、尚かつきちんとした名称のついているものだと突然判明し、驚きと喜びが生じた。

言うまでもなく、みんながみんな同じ人間だったらつまらない。

もちろん、共通の思考がある人とは会話が成立しやすかったりとか、「人と同じ」ことを通して見えてくるものもあると思うけれど、私は私自身の「人と違う」部分からも見えてくるものがあると考えている。

その、見えてくるものというのも、みんな「違う」と思う。

「人と違う」ことで困っている人もたくさんいるから「人と違う」ことが一概によいことだとは絶対にいえない。私もそう。


でも私は共感覚を失いたくない。

朝紫色の時間に起きてオレンジ色の時間に家を出て、赤い名前の駅で電車に乗って茶色い名前の駅で降りて、大学に着いてピンク色の名前の友だちに会って白い名前の先生の授業を受けて、次は緑色の先生の授業を受けて。

そんな自分の日常がなくなってしまったら情緒豊かに生活していける気がしない。


私は共感覚者ではない人が見ている世界を知らないから、文字に色が見えないことがどんな感じなのかよくわからない。だから、共感覚者ではない人が共感覚を不思議なものだと思うのも当然だろう。

人はみんなどこか違うのだから、世の中に「みんなに共通して役に立つこと」なんて存在しないんじゃないかと思う。

子どもが楽譜を読む練習をするときに色音符を使えば覚えやすくなる、なんて誰が考えたのか知らないけれど、このやり方で混乱した人間がここにいることを、この本を最後まで読もうとしてくれているみなさんならわかってくれるだろう。

私は自分に「人と違う」ところがあるとわかってから、「自分と違う」他人に目を向けることができるようになった気がする。

この本を読んで私の共感覚について知ってくれた人がいるなら、私もたくさんの「自分と違う」人のことを知りたいと思う。

当たり前を失った今だから

私にとっての「当たり前」は、もちろん文字に色が見えることだけではない。教室みたいに密閉された空間に行くことも、いろんな人と密集することも密接することも、新型コロナウイルスが出てくる前までは当たり前のことだった。それが大学へ行って授業を受けることも友だちと遊びに行くこともできなくなった。

コロナが治まったら前みたいにあんなところに行きたいとか、こんなことがしたいとか。今は多くの人が以前できていた当たり前を求めている。

少なくとも私は、こんなにも長い間「当たり前ができない日」が続くことになるなんて思ってもいなかった。当たり前ができていたときには、それらが当たり前のことだと気づくことすらできなかった。

気軽に外出できることがどんなに当たり前で日常的なことだったか。当たり前ができなくなってから、「以前できていたああいうことは当たり前のことだったんだ」とわかったのだ。

17歳になるまで珍しいものだと気づかなかった自分の感覚。あまりにも当たり前のことすぎてわからなかった。みんなも文字に色が見えると信じて疑わなかった。自分の常識を疑うことは難しい。きっかけがないとできないだろう。

こんなウイルスが広まってほしくなかったのは言うまでもない。前向きな意味を求めるとすれば、以前の当たり前に気づくきっかけになったと思うしかない気がする。

やっぱり、自分にとっての常識とか当たり前のことって身近のことすぎて気づきにくいのだ。

大事なことを話せる相手

最後に、共感覚のおかげで私が考えさせられたことについて。きっかけは、共感覚を持っていることに気づいた、高校生のときの会話だ。

17歳の春、なぜあの赤い名前の先生に「数字を色で覚えるクセがある」ことを話したのだろう。

当時はなんとなく思いついた言葉を言ったのだと思っていたのだけれど、今になって考えてみると、私が先生にこのことを話そうと思ったのは必然だったと思う。その背景には、私が先生のことをとても信頼しているということが隠されていたのだ。

私が人間関係のことで悩んでいたときも、勉強のことで悩んでいたときも、先生は先生としてではなく、1人の大人として私の話を聞いてくれた。

仕事のときだけの表面上の笑顔というものがなく、素のままのキャラクターで仕事をする姿にいつも魅了されていた。

私は苦しいときも先生の顔を見ると、

「どうにかなる。大丈夫」

と思うことができた。

なにか自分の内に秘めていることや他人にあまり話したことがないことを話すときには、それを伝える相手をいかに信頼しているかが、きっと重要だ。

人を信頼するというのは簡単そうで難しいことだけれど、信頼できる人に出会えたからこそ見えてくるものもあるとわかった。

これは、共感覚のことだけに限らず、人生において大切なことなんだと思う。

私はこれからも、文字に彩られた人生を大切にしていく。他人になんと言われようと、これは私がなぜか手に入れることができた奇跡の感覚なんだから。

共感覚を持っていてよかった。

こう思うことが増えたら、またみなさんにお伝えしたい。

〈図 1〉

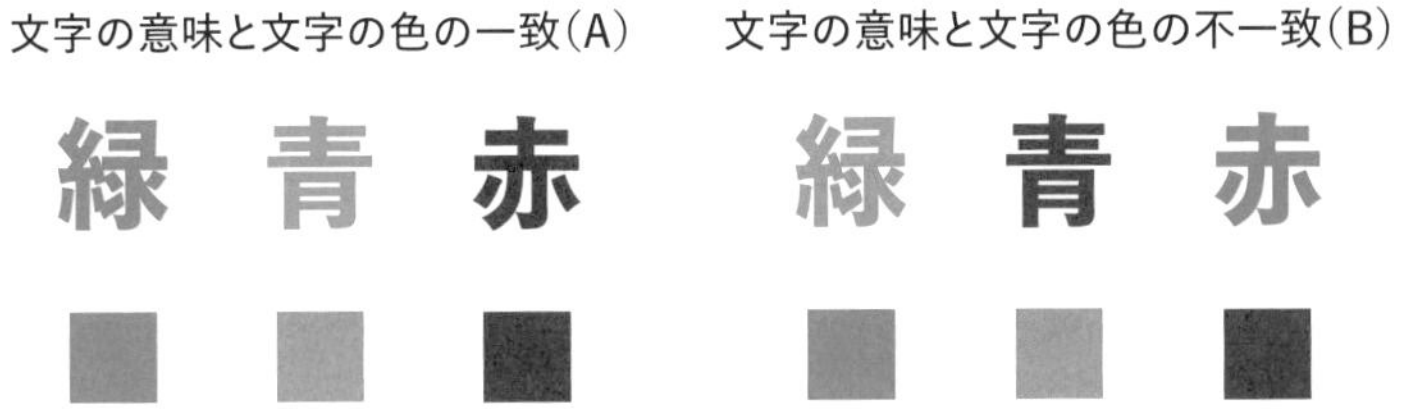

文字の意味と文字の色の一致(A)

緑　青　赤

文字の意味と文字の色の不一致(B)

緑　青　赤

〈図 2〉

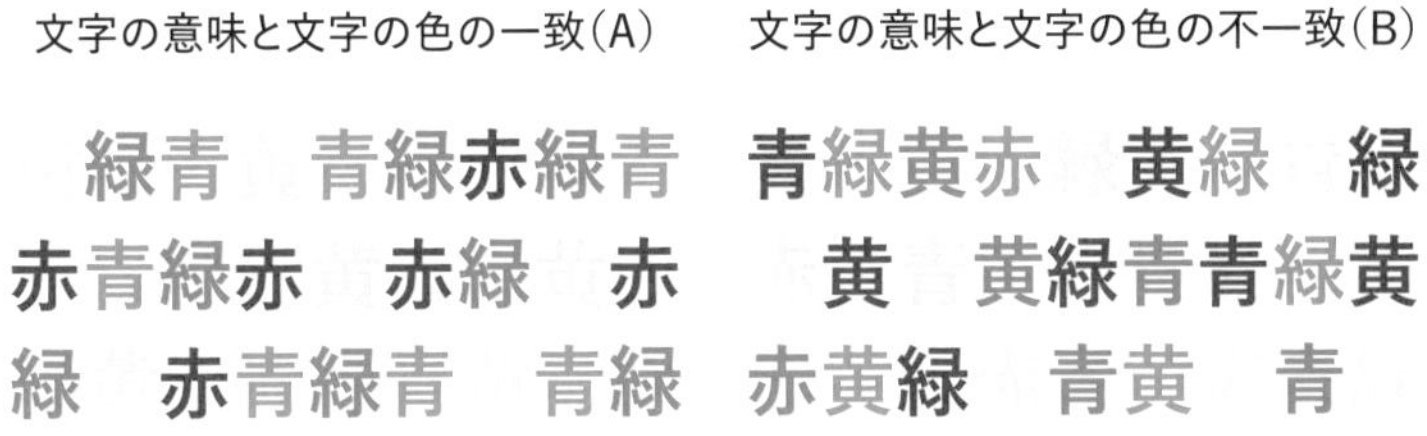

文字の意味と文字の色の一致(A)

緑青　青緑赤緑青
赤青緑赤　赤緑　赤
緑　赤青緑青　青緑

文字の意味と文字の色の不一致(B)

青緑黄赤　黄緑　緑
黄　黄緑青青緑黄
赤黄緑　青黄　青

〈図 3〉

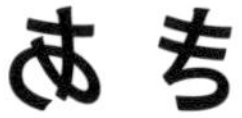

あち

〈図 4〉

私の見え方

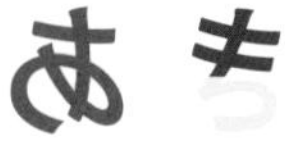

後輩の見え方

〈図 5〉

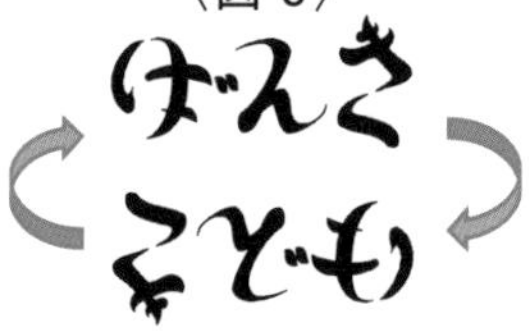

〈図 6〉

私の見え方

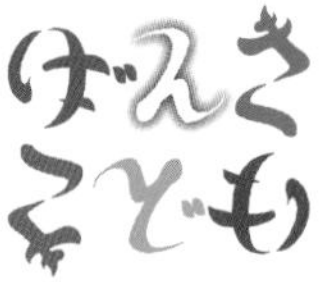

〈図 7〉

後輩の見え方

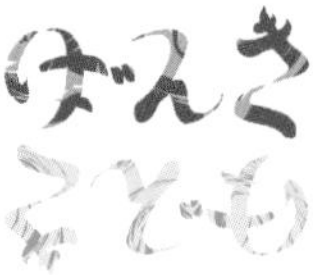

望月菜南子（もちづき・ななこ）

1999年東京都生まれ。物心ついた頃から文字や数字に1つずつ色を感じながら暮らしてきた。17歳の時に初めて、それが共感覚と呼ばれる稀な感覚であることを知る。本書は、共感覚者のありのままの日常を記した稀有な記録となる。現在、大学3年生。

5歳のとき、鍵盤にカラフルなシールを貼って鍵盤ハーモニカを練習する著者

1は赤い。
そして世界は緑と青でできている。

「文字に色が見える」共感覚の話

2020年8月13日　第1刷発行

著　者　望月菜南子

発行者　大山邦興
発行所　株式会社 飛鳥新社
〒101-0003
東京都千代田区一ツ橋2－4－3　光文恒産ビル
電話（営業）03-3263-7770（編集）03-3263-7773
http://www.asukashinsha.co.jp

カバーイラスト　オザキエミ
装　丁　五味朋代（フレーズ）
企画協力　森久保美樹（NPO法人 企画のたまご屋さん）

印刷・製本　中央精版印刷株式会社

ISBN 978-4-86410-772-3

編集担当　矢島和郎